Almost Everything of the Flower Tea

꽃차의 거의 모든 것

Almost Everything of the Flower Tea

꽃차의 거의 모든 것

송주연 · 황지영 지음

열린
세상

차례

chapter 4
꽃차 활용

제2부

꽃차와 문화

꽃차 생활 길라잡이

"꽃을 차로 마신다고요?"

꽃차를 알리기 시작했을 때만 해도 '꽃'이 '차'로 거듭날 수 있다는 데 세대를 막론하고 많은 사람이 놀라움을 표시했다. 음료나 음식 곁에 장식되어 있던 식용 꽃을 호기심에 먹어본 적은 있지만, 그 꽃으로 차를 만들어 마신다니! 꽃차 한 잔을 건넬 때마다 마주했던 놀라움의 표정들이 가슴 속에 파노라마처럼 생동감 있게 남아 잊히지 않는다.

입소문으로 천천히 알려지던 과거와 달리 요즘은 빠른 속도로 꽃차 인구가 늘고 있다. 미적인 부분은 물론 맛과 향, 효능, 스토리까지 두루 갖춘 꽃차로 심신을 힐링할 수 있다는 것을 알게 된 것이다.

이제 꽃차는 더 이상 낯선 콘텐츠가 아니다. 누구나 만들 수 있고 누구나 마실 수 있는 한 종류의 사랑스러운 음료일 뿐이다. 이 책과 함

께 꽃차를 만드는 방법의 핵심을 콕콕 짚어가며, 남부럽지 않은 훌륭한 꽃차 만들기에 도전해보자!

찻잔 속 그윽한 향기와 함께하는 꽃차의 거의 모든 것

꽃차에 대한 기초 지식 쌓기

꽃차를 만들려면 우선 꽃차가 무엇인지 이해해야 한다. 언제부터 어떤 이유로 꽃을 차로 만들어 마시게 되었는지, 꽃차의 재료로 적합한 꽃은 무엇인지, 어떤 차를 꽃차라고 부를 수 있는지, 다른 차들과 다른 꽃차만의 특성은 무엇인지 차근차근 알아보자. P. 15

꽃차의 재료는 어떻게 다루어야 할까?

꽃차 레시피를 정확히 파악하려면 먼저 꽃의 구조를 이해해야 한다. 꽃은 저마다의 특성을 지니고 있으므로 그에 맞게 손질을 하는 것이 꽃차 만들기의 기본이기 때문이다. 꽃차를 처음 만드는 사람도 손쉽게 재료를 구하고 손질할 수 있도록 자세한 설명을 담았다. P. 25

꽃차를 만들 때 필요한 도구와 제다製茶 방법

제아무리 좋은 꽃이라도 꽃차로 거듭나게 하는 도구가 없다면 무용지물이다. 꽃차 제다의 숨은 주역인 여러 가지 제다 도구의 기능과 적용 시점, 구매 방법 등을 살펴본다. 또한 이러한 도구를 활용하여 꽃차를 만드는 여러 가지 제다 방법을 설명한다. 하나의 꽃에 하나의 제다 방법만 있는 것이 아님을 이해하고, 꽃의 특성과 개인의 취향에 맞는 다양한 제다법을 찾아보자. P. 29

🌼 꽃의 특성을 고려한 꽃차 만들기

꽃차는 익히고 식히는 것을 반복하는 '덖음'을 거쳐 만들어진다. 꽃차 제다의 기본인 덖음법을 꽃의 특성에 따라 4가지 사례로 나누고 상세 레시피를 실었다. 각각의 사례에 해당하는 대표적인 꽃의 채취 시기, 특징 및 효능, 제다 시 주의사항을 참고해서 직접 꽃차를 만들어보자. P. 47

🌼 꽃차를 즐기는 두 가지 방법

잘 만들어진 꽃차라고 해도, 차를 우리는 조건에 따라 전혀 다른 맛과 향, 색이 나타난다. 그윽한 향기와 특유의 맛이 우러나게끔 따뜻하게 차를 우리는 방법, 꽃차 본연의 효능을 최대한 추출해 디톡스 효과를 낼 수 있도록 시원하게 차를 우리는 방법을 소개한다. P. 19

🌼 다양하고 색다른 꽃차 활용 방법

기분과 취향, 컨디션에 따라 선택할 수 있는 특별한 블렌딩 레시피를 소개한다. 6대 차류(녹차, 백차, 청차, 황차, 홍차, 흑차)와 꽃차의 만남은 물론, 꽃차와 꽃차, 꽃차와 과일의 어우러짐에 이르기까지 특별한 꽃차를 맛볼 수 있다. 과일, 허브 등을 활용하여 다양한 음료와 잼을 만드는 방법도 상세히 소개한다. P. 123

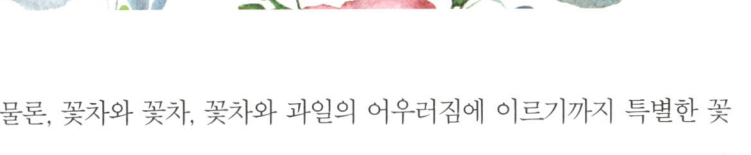 꽃차를 통한 힐링 테라피

아름다운 색감과 매력적인 향기, 본연의 약성으로 몸과 마음을 편안하게 해주는 꽃차는 그 존재만으로도 훌륭한 테라피적 요소가 된다. 꽃차 고유의 색과 향기가 지닌 에너지와 성분이 우리 몸과 마음에 어떤 긍정적인 영향을 주는지 살펴보고, 내게 필요한 꽃차는 무엇이 있는지 찾아보자. 꽃차를 음미하며 몸과 마음의 균형을 회복하는 과정에 더욱 큰 시너지 효과를 일으킬 수 있을 것이다. P. 170

꽃차의 역사와 문화

꽃차는 어디에서 왜 만들어졌을까? 동양의 꽃차는 모두 같은 형태일까? 서양에는 꽃차가 없을까? 중국의 화차와 서양의 허브티, 한국의 꽃차를 중심으로 흥미로운 지식을 쌓아보자. P. 149

제1부

꽃차 생활

chapter

1

꽃차 이해하기

꽃차란?

꽃차의 정의

'꽃차'는 꽃으로 만든 차를 의미한다. 꽃이 지니고 있는 각각의 특성에 맞는 제다법製茶法을 거쳐 독성을 줄이고, 꽃이 저마다 지니고 있는 고유의 색色 · 향香 · 미味를 모두 즐길 수 있도록 완성된 차다.

녹차나 홍차 등에 꽃의 향기를 덧씌운 가향자나 향기가 풍부한 꽃이나 잎을 있는 그대로 말려 차로 마시는 허브티를 꽃차의 범위에 포함하기도 하지만, 엄밀히 말해 꽃차는 꽃잎, 꽃술, 꽃받침 등 꽃송이 전체를 빠짐없이 사용하는 것이 기본이다. 꽃의 어느 한 부분만 활용하거나 특정 향기만 추출하지 않는다. 필요에 따라 꽃송이 일부분을 제거하는 경우가 있을 뿐이다. 꽃을 온전히 말리기만 하는 것도 꽃차라고 하기 어려운데, 일정한 제다 과정을 거쳐야만 모든 요소가 조화롭게 어우러진 차의 정수가 완성되기 때문이다.

꽃차의 분류

보편적으로 우리가 '차茶'라고 부르는 것은 식사 후나 여가에 즐겨 마시는 기호음료를 통칭한다. 그러나 산다화과山茶花科에 속하는 상록수인 차나무*Camellia Sinensis*의 어린잎을 따서 가공하여 만든 것이 정확한 의미의 차이다. 6대 차류인 백차, 녹차, 청차, 홍차, 황차, 흑차가 여기 속한다.

반면, 차나무의 잎이 아닌 다른 재료를 써서 만든 음료는 대용차라고 한다. 대용차는 크게 동양식과 서양식으로 분류할 수 있다. 동양식 대용차는 과실, 곡물, 식물의 여러 부위 등을 이용해 약재를 달여 마시는 것처럼 활용하는 것으로 과실차, 생약차, 곡물차, 잎차, 뿌리차 등이 있다. 커피, 주스, 탄산음료, 허브티 등은 서양식 대용차에 속한다. 즉, 꽃차는 동양식 대용차인 셈이다.

꽃차의 효능

인류가 처음 차를 마신 기록은 당나라의 육우陸羽가 쓴『다경茶經』(760)에 등장한다. "신농神農이 지은『식경食經』에 따르면, 차를 오래 마시는 것이 사람으로 하여금 힘이 있게 하고 마음을 즐겁게 한다"는 내용이다.

신농은 중국 전설에 나오는 농업을 관장하는 신인데, 그가 황제로 있던 기원전 2700년경에도 차를 마셨다는 것이다. 신농은 온 세상 모든 식물의 쓰임을 알기 위해 하루에 100여 가지씩 선별하여 맛을 보다가 독초에 중독되었는데, 우연히 찻잎을 씹고 난 후에 씻은 듯이 나았다고 한다. 그때부터 차를 사람들에게 널리 보급했다고 알려져 있다. 이렇듯 초기에는 약으로 쓰였던 차는 문명의 발달과 더불어 차츰 기호음료로 발전한다.

꽃을 음식으로 취급했던 역사도 이런 흐름에서 크게 벗어나지 않는다. 8세기 당나라의 역사학자 유속이 쓴『수당가화隋唐佳話』에는 "꽃은 부녀자들의 얼굴을 아름답게 해주고 얼굴이 늙지 않게 하는 효과가 뛰어나다"고 나온다. 실제로 구중궁궐의 왕비와 후궁은 물론 양갓집 규수 등이 꽃을 먹었다는 기록이 남아 있다.

현대 과학에 따르면 꽃에는 통상적으로 35퍼센트의 단백질, 22종의 필수아미노산, 12종의 비타민, 16종의 미네랄 등 우리 몸에 꼭 필요한 성분이 골고루 들어 있다. 그중 꽃의 다양한 색을 나타내는 안토시아닌은 몸속 활성산소 제거 및 콜라겐 형성 촉진을, 베타카로틴은

항암효과를 보인다고 보고되고 있다. 이외에도 꽃차에는 항산화 작용, 항균 작용, 면역 기능 등을 활성화시키고, 성인병 예방 역할에도 큰 활약을 하는 폴리페놀과 플라보노이드 성분 역시 풍부하다. 붉은색을 띠는 꽃 중에는 폴리페놀과 플라보노이드 함유량이 채소와 과일에 비해 많게는 10배 이상인 경우도 있다.

꽃차는 본연의 색과 향이 주는 효능도 뛰어나다. 우려냈을 때 나오는 다채로운 수색水色과 향이 스트레스 및 우울감 해소 등 심리적인 면에 테라피 효과를 발휘한다.

또한 카페인이 없고 설탕을 곁들이지 않으므로 당뇨 환자나 어린이까지 누구나 마실 수 있는 건강한 음료이기도 하다.

꽃차 우리는 방법

꽃차는 일반적인 차처럼 뜨겁게 혹은 차갑게 우려 마신다. 꽃차 본연의 맛을 살려 마시고 싶다면 뜨거운 물에 우려 마시는 게 좋고, 디톡스 워터처럼 마시고 싶다면 차갑게 우려 마시는 게 좋다. 뜨겁게 우린 꽃차는 두세 번 더 우려 마셔도 좋지만, 차갑게 우린 꽃차는 우리기 시작한 시점부터 24시간 안에 모두 마셔야 한다.

• 온침

1. 티포트에 적당량의 꽃차를 넣는다.
2. 100℃의 끓는 물을 티포트에 부어 꽃차를 한 차례 헹구고 물은 따라 버린다.
3. 다시 티포트에 100℃의 물 200mL를 붓고, 2~5분 동안 우린다.
4. 꽃차의 농도가 진해지지 않도록 새로운 티포트숙우로 옮긴다.
5. 향긋한 꽃차를 즐긴다.

• 냉침

1. 500mL의 밀폐 용기에 적정량의 꽃차를 넣는다.
2. 밀폐 용기에 소량의 물을 붓고 흔들어 꽃차를 한 차례 헹구고 물은 따라 버린다.
3. 향미가 살아나도록 얇게 저민 레몬 1/2 조각을 넣는다.
4. 밀폐 용기에 물을 가득 붓는다.

5. 냉장고에서 4시간 이상 우린다.

6. 취향에 따라 얼음을 가미하여 시원하게 즐긴다.

꽃차 마시는 방법

차 감별은 색, 향, 미 세 가지 요소의 조화에 따른다. 결국 시각과 후각, 미각을 동시에 만족시켜야 한다는 이야기인데, 이는 바로 꽃차가 지닌 매력과 일맥상통한다.

꽃차를 마실 때는 먼저 우리기 전에 꽃잎의 모양을 잠시 감상하고,

적정한 꽃차의 양은?

뜨겁게 우릴 때는 물 200mL당 0.5~1g 내외, 차갑게 우릴 때는 물 500mL당 0.2~0.3g 내외가 적당하다.

세차란?

세차洗茶는 찻잎을 씻어 차에 남아 있을지도 모를 먼지나 이물질, 냉기冷氣 등을 제거하는 과정이다. 꽃차도 세차 과정을 거친다. 세차는 100℃의 끓는 물로 티포트와 꽃차를 한 차례 헹궈 이물질을 한 번 걸러내는 것은 물론이고, 갇혀 있던 차의 맛과 모양을 살아나게 하여 색·향·미의 측면에서 완벽한 차가 우러날 수 있도록 돕는다. 또한 물을 바로 버리는 대신 새로운 티포트(숙우)와 찻잔에 옮겼다가 따라버리면, 모든 다기가 차를 즐기기 좋은 따뜻한 온도를 유지하는 효과를 볼 수 있다.

차가 우려지는 동안에도 꽃잎의 변화를 관찰한다. 차가 다 우러난 다음에는 꽃차의 수색을 음미하며 눈으로 충분히 차를 즐긴다. 이것이 바로 색과 형태로서의 꽃차를 경험하는 방법이다.

차를 우리고 마시는 동안 코로 꽃차 고유의 그윽한 향취를 느끼며 향으로서의 꽃차를 만나는 것도 꼭 필요한 과정이다. 마지막으로 혀 끝으로 꽃차와 조우하고, 입속에 살포시 차를 머금고 천천히 굴려보는 것도 반드시 거쳐야 한다. 이 과정을 거쳐야 차의 맛을 평가해볼 수 있다.

chapter

2

꽃차 준비하기

꽃을 다루는 방법

꽃의 구조

'꽃'은 속씨식물의 생식기관으로 암술, 수술, 꽃잎, 꽃받침으로 이루어져 있다. 꽃은 수분을 통해 열매를 맺고, 열매를 매개로 씨앗을 퍼뜨린다. 즉, 꽃은 열매가 성장하기 전의 영양성분을 응축하고 있는 효능의 보고라고 할 수 있다. 이러한 꽃으로 차를 만들 때에는 각각의 특성

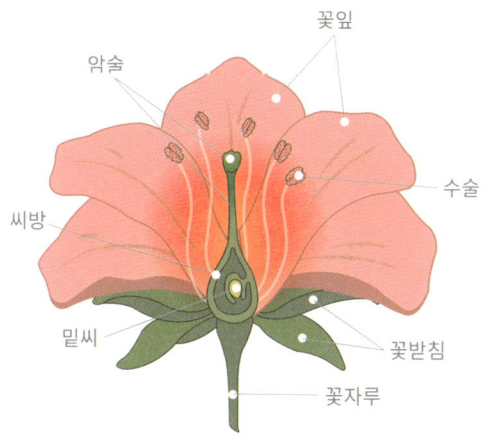

에 따라 꽃송이를 통째로 사용하기도 하고, 일부분을 제외하기도 한다. 따라서 꽃의 각 부분 명칭을 바로 알고 있어야만 꽃차 제다 방법을 정확히 이해할 수 있다.

꽃 구매 방법

꽃차의 재료가 되는 꽃은 크게 두 가지 방법으로 구할 수 있다. 식용 꽃을 판매하는 곳을 찾아 구매하는 것과 직접 채취하는 것이다.

가장 간단하게 꽃차의 재료를 구하는 방법은 유통처를 찾아 구매하는 것이다. 직접 청정 지역의 꽃을 채취할 수 있다면 가장 좋겠지만, 기후와 토질 차이로 한 지역에서 모든 종류의 꽃을 구하는 것이 쉽지 않다.

최근에는 각종 요리와 음료의 재료 및 데커레이션 용도로도 식용 꽃을 활용하는 추세이기 때문에 과거에 비해 꽃을 구하는 게 상당히 쉽고 편리해졌다. 다양한 경로로 자기만의 구매처를 확보해 놓는다면, 계절에 구애 받지 않고 여러 종류의 꽃차를 만드는 것이 가능하다.

• 대형마트 식품 코너

대형마트의 규모에 따라 진열하는 식용 꽃 판매 유무와 종류가 달라지니 방문 전에 전화로 확인하는 것이 좋다.

• 온라인 쇼핑몰

각종 포털 사이트에서 '식용 꽃'을 검색하면 다수의 쇼핑몰이 등장한다. 대부분 직접 식용 꽃 농장을 운영하는 업체들이니 믿고 구매해도 좋다.

• 온라인 커뮤니티

포털 사이트에는 '약초'나 '산야초'를 주제로 한 커뮤니티가 있다. 이론적인 정보를 공유하는 것은 물론이고, 농장에서 직접 재배하거나 산을 돌아다니며 채취한 것들을 판매하는 경우도 있다. 꽃차 인구 증가로 판매자도 늘고 있으니 이런 커뮤니티에서 꽃을 구매하는 것도 방법이다. 다만, 공해에서 자유롭지 않은 도심이나 농약에 노출된 곳에서 채취한 꽃을 파는 경우도 있으니 구매하기 전에 재배지와 재배 방법을 꼼꼼하게 확인해야 한다.

직접 꽃을 채취할 때는 매연이 상존하는 도로 주변이나, 농약과 제초제 등을 사용하는 농지 인근의 꽃은 피해야 한다. 또한 화원에서 관상용으로 판매하는 꽃도 마찬가지이다. 뜨거운 물에 우려 꽃 속의 모든 성분을 음용하는 꽃차의 특성에 적합하지 않다. 최소한 도로에서 500미터 이상 떨어져 있거나 농약을 사용하지 않는 청정 지역에서 재배하는 식용 꽃만 사용해야 한다. 최근에는 미세먼지 등 대기오염이 심각하므로 더욱 유의해서 재료를 구해야 한다.

개화 시기에 따라서도 채취 방법이 조금씩 다른데, 봄꽃은 꽃봉오리가 약간 열리기 시작할 때나 당일 아침에 갓 피어났을 때 채취한다. 이

때의 꽃이 가장 풍부한 영양소와 향기를 품고 있기 때문이다. 반면, 이슬을 머금고 있는 새벽 시간이나 땅거미가 내려앉은 저녁 시간 이후의 꽃은 향기가 상대적으로 약하므로 채취하지 않는다. 여름꽃과 가을꽃은 갓 핀 꽃을 채취해야 가장 아름다운 모양의 차를 완성할 수 있다.

꽃은 번식을 위한 존재이므로, 이러한 점을 존중하여 한 가지에서 많은 양의 꽃을 따기보다는 드문드문 솎아내는 방법으로 채취하는 것이 좋다.

독성이 있는 꽃

식용으로 유통 중인 꽃이라도 천남성과나 미나리아재빗과 등 일부 독성이 있는 경우도 있으므로 꽃차를 만들 때는 반드시 전문가와 상의해야 한다.

과	꽃 이름
미나리아재빗과	동의나물꽃, 할미꽃, 투구꽃, 꿩의바람꽃, 모데미풀꽃
백합과	삿갓나물꽃, 여로꽃, 박새꽃, 연령초꽃
천남성과	은방울꽃, 디펜바키아, 천남성꽃
기타	디기탈리스(현삼과), 철쭉꽃(진달래과), 란타나(마편초과), 협죽도꽃(협죽도과), 미치광이풀꽃(가지과), 털머위꽃(국화과), 아주까리꽃(대극과), 개당귀꽃(미나리과), 아이비(두릅나무과), 점현호색꽃(현호색과), 애기똥풀꽃(양귀비과)

꽃차를 만들 때 필요한 도구

전기팬과 찜기

꽃차를 만들 때 가장 기본이 되는 도구이다. 대부분의 제다 과정이 이 전기 팬에서 이루어진다. 전통적으로 쓰인 무쇠 솥에 비해 온도 조절이 편리하고 구입과 보관이 쉽다. 전기 팬을 구매할 때는 꽃을 찌는 증제나 꽃의 수분을 제거하는 열건 과정을 위해 반드시 찜기가 있는 것을 선택해야 한다. 또한 차가 완성되는 성노를 파악해야 하므로 뚜껑은 유리로 된 것이 좋다. 단, 요리에
사용하던 전기 팬은 음식 냄새가
꽃에 밸 수 있으므로 사용하면
안 된다.

멍석

꽃을 유념할 때 사용한다. 짚으로 만든 멍석의 오톨도톨하고 촘촘한 표면이 유념의 효과를 배가시킨다. 위생을 위해 평소에는 통풍이 잘되는 곳에 보관하고, 날이 좋을 때 한 번씩 햇볕에 잠시 말려주면 좋다.

대나무 채반

꽃을 덖은 후 식힐 때 주로 사용한다. 촘촘하면서도 물 빠짐이 좋기 때문에 일부 오염된 꽃을 씻어 물기를 빼고 건조하는 과정에서도 효율적으로 사용한다. 햇빛에 말리면 대나무 결이 터지기 때문에 통풍이 잘되고 살짝 그늘진 곳에 보관하는 것이 좋다. 덖은 꽃을 식힐 때는 전기 팬의 찜기를, 꽃을 씻을 때는 스테인리스로 만들어진 채반 등을 사용하기도 한다.

면 보자기

꽃을 덖은 후 식힐 때 대나무 채반이나 찜기 위에 깔아 사용한다.

유념, 증제를 할 때도 꼭 필요하다. 꽃
과 직접 닿는 도구이므로, 새로 구매
한 면 보자기는 반드시 삶아서 사용
해야 한다.

한지

열에 약한 꽃을 덖을 때 사용한다.
수분이 있는 상태의 꽃은 전기 팬에
직접 닿으면 온도를 견디지 못하고
색이 바래기 때문이다. 꽃과 직접 닿
는 도구이므로, 화학성분이 들어가지
않은 것을 골라 사용해야 한다.

대나무 집게

꽃을 덖을 때 골고루 열을 받게 하기 위해 주기적으로 꽃을 뒤집어
주어야 하는데, 이때 꽃잎이 상하지 않
도록 대나무 집게를 이용한다. 완성된
꽃차를 우릴 때에도 병에서 적당한 양
의 꽃차를 덜어내기 위해 필요하다.

부채

꽃을 덖은 후 식힐 때 사용
한다.

적외선 온도계

전기 팬의 정확한 온도를 확인하기 위해 사용한다. 전기 팬의 바닥
면에는 둥근 띠 모양으로 열선이 깔려 있다. 이 열선이 먼저 달궈진 후
에 팬 바닥 전체로 열이 골고루 전달된다. 그러므로 바닥 전체의 온도
에 다소 차이가 생긴다. 또 제조 회사나 제품의 품질에 따라 미묘한 온

도 차이를 보이기도 한다. 따라서 동일한
온도에서 꽃차를 만들기 위해서는 명
확한 기준이 필요한데, 이때 적외선
온도계를 활용하면 도움이 된다.

꽃차를 만드는 다양한 방법

꽃차의 제다법에는 덖음(고온, 저온), 열건, 유념, 증제(찜), 데침, 가향 처리, 향매김 등 여러 가지 방법이 있다.

꽃의 특성에 따라 저마다의 제다 과정을 거치는데, 같은 꽃이라도 생육 환경에 따라 다른 성질을 지니므로 꽃의 상태에 따라 한두 가지 이상의 제다 과정을 거치는 경우도 있다. 예를 들어, 열에 약한 꽃은 수분을 충분히 제거하여 꽃이 본연의 아름다운 모양을 유지하도록 돕는 저온 덖음이나 열건을, 열에 강한 꽃은 고온 덖음에서 시작하거나 유념 과정을 거쳐 맛과 향을 끌어올리기도 한다. 또한 꽃차를 만드는 사람의 개인차에서 비롯된 판단 등이 제다 과정에 반영되기도 한다.

지금부터 꽃차를 만드는 다양한 제다법을 알아보자.

덖음

덖음이란 꽃이 가진 자체 수분을 활용하여 익히고 식히는 것을 반복하는 일련의 과정을 뜻한다. 꽃의 특성에 따라 고온 덖음과 저온 덖음으로 나뉜다. 충분한 덖음 과정을 거친 꽃차는 꽃잎의 빛깔이 선명해지고, 풍미가 더해진다.

• 고온 덖음

물이나 기름을 사용하지 않은 채 160~220℃의 고온에서 볶는 과정이다. 꽃차가 제다 도중 산화되는 것을 차단하며, 꽃 속에 남아 있을지 모르는 벌레 알이나 균을 제거하는 효과가 있다.

고온에 강한 꽃의 경우 처음부터 고온 덖음을 중심으로 만들어지기

도 하지만, 꽃의 특성상 다른 제다법을 주축으로 꽃차를 만들게 되더라도 대부분 고온 덖음 과정을 여러 번 반복한다.

• 저온 덖음

열에 상하기 쉬운 꽃의 수분을 60~90℃의 저온에서 천천히 빼내는 과정이다. 전기 팬에 한지를 깔고, 그 위에 꽃을 올려 전기 팬과 꽃 사이의 열전도율을 낮춘다. 경우에 따라 한지를 여러 겹 겹쳐 놓거나 전기 팬에 찜기를 올리고 그 위에 한지를 깔기도 하며, 전기 팬 바닥에 깔려 있는 한지를 들썩이며 열의 강약을 조절하기도 한다.

저온 덖음을 충분히 해서 수분이 많이 제거된 꽃차를 고온에서 덖으면 고온 덖음을 한 것과 비슷한 효과가 있다.

열건

전기 팬에 찜기를 올리고 저온에서 꽃의 수분을 오래도록 빼내는 제다법이다. '화건'이라고도 한다. 저온 덖음을 해야 하는 꽃보다 수분이 많은 꽃에 사용한다. 꽃에 수분이 다량 포함된 경우 고온에 직접적으로 노출되면 빛깔이 탁해지거나 꽃잎이 쉽게 타버리기 때문이다.

유념

찻잎을 면 보자기에 감싸 멍석에 비비는 과정으로, 찻잎의 모양을
변형시켜 수분 함량을 줄이는 것과 동시에 찻잎의 세포 조직을 파괴
한다. 이때 폴리페놀 옥시다아제(산화효소)의 활동으로 차의 산화를 유
도하여 차의 맛과 바디감, 향기, 빛깔을 향상시키고 차가 잘 우러나도
록 돕는다.

유념 과정이 꼭 필요한 꽃차의 경우 그때그때 재료의 상태에 따라
압의 정도와 시간을 조절해서 진행해야 한다.

증제(찜)

독성을 중화시키고 약성과 맛을 끌어올리기 위해 감초물, 대추물, 막걸리, 소금물, 기타 약초물 등에 꽃을 일정 시간 찌는 제다법이다. 김이 오르는 찜기 위에 면 보자기에 담은 꽃을 올린 후 뚜껑을 덮고 일정 시간 찐다.

꽃의 특성에 따라 증제와 식힘 과정을 9회 내외로 반복하기도 하는데, 전통 제다법과 한방에서 주로 언급되는 구증구포를 꽃차에 적용한 것이다.

데침

감초와 대추를 끓인 물 또는 기타 약초물에 살짝 데치는 제다법이다. 쓴맛이 강한 꽃이나, 건조되면 홀씨가 되는 꽃 등에 사용하는 방법이다. 독성과 쓴맛을 중화시키고, 약성을 끌어올리는 효과가 있다. 데친 꽃을 바로 찬물이나 얼음물에서 냉각시킨 후 건져서 충분히 물기를 빼고, 팬에서 직접 덖거나 열건 과정을 거치기도 한다. 재료별 상태에 따라 적용 시간이 달라진다.

가향처리

고온 덖음 후 마지막으로 남아 있는 수분을 없애거나 숙성시키는 제다법이다. 저온으로 설정된 전기 팬에 일정 시간 동안 꽃차를 올려 둔다. 향을 아름답게 만든다는 의미로 가향嘉香이라는 명칭이 붙었다. 수분을 적게 함유한 꽃의 경우 생략해도 무방하다.

향매김

　가향처리 후 전기 팬의 뚜껑을 덮어 저온을 유지하는 과정으로, 모든 꽃차 제다법의 마무리 단계다. 잔여 수분을 제거하면서 숙성을 촉진시켜 차의 깊은 맛과 향에 영향을 준다. 꽃의 크기와 꽃잎의 두께에 따라 완성도 면에서 다소 차이가 날지도 모르는 꽃차를 마지막으로 한데 혼합하여 균일한 품질로 맞추는 과정이다. 이때 뚜껑의 유리에 김이 서리면 다시 한 번 고온 덖음을 진행하여 남은 수분을 완전히 제거해야 한다.

제다 진행 순서

①	②	③	④
다듬기	연건 저온 덖음 고온 덖음 유념 증제(찜) 데침	가향처리	향매김

이해를 돕기 위해 나열한 제다법의 대략적인 진행 순서이다. ②번 과정의 경우 꽃의 특성에 따라 여러 차례 반복되거나, 서로 조합되어 진행되거나, 생략하는 등 다양한 방법으로 활용될 수 있다.

전기 팬 온도 조절하는 방법

꽃차 만들기에 가장 필요한 기본 노하우는 전기 팬의 온도 조절법을 이해하는 것이다. 때로는 아주 미묘한 온도 차이가 꽃차의 가치를 결정하기 때문이다. 적외선 온도계를 사용하여 온도를 재며 꽃차를 만드는 것이 정석이지만, 처음 꽃차를 만드는 경우 어렵게 느낄 수도 있다.
아래 표는 온도조절기의 숫자에 따른 전기 팬의 실제 온도를 대략적으로 정리해 놓은 것이다. 단, 모든 전기 팬이 일률적인 온도를 지닌 것은 아니므로 참고용으로만 삼고 시행착오를 거쳐 자신이 구매한 팬의 온도조절기에 따른 온도 차이를 기록해 놓는 것이 좋다.

저온		고온		
F점	화살표 끝점	1	2	3
60~90도	160~180도	200~220도	220~240도	240도~

▶ **F점** : 온도조절기를 서서히 돌리다 보면 램프에 처음 불이 들어오는 지점이 있다. 이 지점을 점호(Firing), 즉 F점이라고 부른다.

▶ **화살표 끝점** : 온도조절기를 서서히 돌려 F점을 지나치면 숫자에 도달하기 직전 화살표가 끝나는 지점이 있다. 이 지점을 화살표 끝점이라고 부른다.

• **램프를 참고할 것**

온도가 조정되는 동안 램프에 불이 들어왔다가 해당 온도에 도달하면 불이 꺼진다. 보통 불이 꺼진 후에 적외선 온도계를 사용하여 온도를 확인하고 꽃차를 덖기 시작한다. 온도는 팬의 정중앙에서 체크한다.

chapter
3

꽃차 만들기

꽃차 제다의 기본인 덖음을 꽃의 특성에 맞춰 크게 4가지로 나눠 정리했다. 고온 덖음과 저온 덖음 과정을 보다 상세히 제시한 것으로, 각각의 사례에 해당하는 대표적인 꽃의 채취 시기와 특징 및 효능, 제다 시 주의사항을 설명했다.

여기 제시한 것 외에도 꽃차로 거듭날 수 있는 꽃은 많다. 또한 덖음 이외의 다른 제다법을 활용하는 것도 가능하다. 꽃의 특성을 잘 살펴 만들어 보는 것을 추천한다.

열에 약하고 꽃잎이 얇은 꽃

유채꽃, 삼색제비꽃, 개나리, 진달래, 팬지, 장미, 접시꽃, 금잔화, 라벤더, 분꽃, 벌개미취꽃, 달맞이꽃, 도라지꽃, 목화, 무궁화, 부용꽃, 뚱딴지꽃 등

열에 약하고 봉오리가 살아 있는 꽃

매화, 박태기꽃, 도화꽃, 조팝나무꽃, 골담초꽃, 등나무꽃, 아까시꽃, 캐모마일, 고마리, 메밀꽃 등

열에 약하고 꽃의 모양을 살려야 하는 꽃

동백, 목련, 단풍나무꽃, 겹벚꽃, 꽃사과꽃, 으름꽃, 금계국, 엉경퀴, 작약, 해당화, 산수국, 마리골드, 백일홍, 연꽃, 홍화, 데이지, 마거리트, 해바라기, 노랑코스모스, 코스모스, 구절초, 국화, 차꽃, 수선화 등

열에 강한 꽃

산수유꽃, 생강나무꽃, 싸리꽃, 쑥꽃, 천일홍, 맨드라미, 아마란스 등

1. 열에 약하고 꽃잎이 얇은 꽃

① 꽃을 가지나 줄기에서 분리해 꽃의 모양이 예쁘게 펼쳐지도록 다듬는다. 경우에 따라 꽃잎을 한 장씩 떼어내기도 한다.

② 90℃로 맞춘 전기 팬에 한지를 깔고, 꽃을 가지런히 올려 저온 덖음한다. 이때 꽃이 열을 받아 축축해지는데 건드리지 말고 그대로 두어야 한다.

③ 한지와 맞닿은 면의 꽃잎 색이 짙어지기 시작하면 대나무 집게를 이용해 꽃을 하나씩 뒤집는다.

④ 반대 면의 색까지 짙어져 까슬해지면 한지를 통째로 들어 올려 전기 팬에서 내린다. 온도조절기의 램프가 꺼져 팬의 온도가 떨어지면 꽃도 식기 시작한다. 그 순간에 한지를 내려야 한다.

⑤ 꽃을 10분 이상 충분히 식힌다. 부채를 이용하면 더욱 좋다.

⑥ 수분이 제거되어 꽃이 바스락거릴 때까지 ②~⑤의 과정을 7회 반복한다.

⑦ 전기 팬을 160℃로 예열하고, 온도조절기의 램프가 꺼졌을 때 온도조절기를 끈다.

⑧ 전기 팬 위에 직접 꽃을 올리고 부서지지 않도록 대나무 집게를 이용해 살살 저어가며 고온 덖음한다.

⑨ 전기 팬의 온도가 떨어져 꽃이 더 이상 열을 받지 않게 되면 한지나 면 보자기에 쏟는다.

⑩ 꽃을 10분 이상 충분히 식힌다. 부채를 이용하면 더욱 좋다.

⑪ 수분 상태를 체크하며 ⑧~⑩의 과정을 4~5회 반복한다.

⑫ 온도를 60℃(F점)로 맞춘 전기 팬에 꽃을 가지런히 올리고, 뚜껑을 덮어 2시간 동안 향매김을 한다.

⑬ 완성된 꽃차를 소독한 밀폐용기에 담아 보관한다.

유채꽃차	
채취 시기	3~4월
특징 및 효능	봄날의 제주를 떠올리면 어김없이 황금빛 유채꽃의 물결이 눈앞에 그려진 정도로 대표적인 봄꽃이다. 종지에 들이 있는 기름을 채취하여 활용하기 때문에 유채라는 이름이 붙었다. 우리가 흔히 알고 있는 카놀라유가 바로 개량한 유채에서 채취한 식용유다. 줄기는 나물로 먹기도 하며, 초록 봉오리와 노랗게 핀 꽃을 각각 차로 만든다. 비타민 A와 C가 풍부해 눈을 맑게 하고, 피로 회복에 도움을 준다. 비타민 B와 D, 나이아신 역시 풍부하게 함유하고 있어 면역력을 높이고 스트레스를 해소하는 데도 좋다.
제다 시 주의사항	갓 핀 노란색 꽃과 미처 피지 않은 연두색 봉오리까지 함께 차로 만든다. 꽃과 봉오리가 색의 조화를 이루어 아름다운 꽃차가 완성된다.

개나리꽃차	
채취 시기	4월
특징 및 효능	우리나라가 원산지인 개나리는 생명력이 강한 꽃이다. 아직 채 꽃 피우지 못한 앙상한 가지를 꺾어 살며시 꽂기만 해도 쉽게 뿌리를 내린다. 이런 특성과 더불어 병아리를 닮은 샛노란 빛깔이 '희망'이라는 꽃말과 잘 어울린다. 몸의 열을 내리며, 독소를 배출하는 효과가 있어서 미열이 있거나 염증이 생겼을 때 마시면 도움이 된다.
제다 시 주의사항	갓 핀 꽃을 골라 차로 만들어야 예쁘다. 한지에 올려놓을 때 꽃의 얼굴 부분이 바닥을 향하게 놓는다. 온도에 민감한 편이므로, 꽃이 타지 않도록 잘 지켜보아야 한다. 고온 덖음을 할 때 전기 팬 위에 한지를 깔고 그 위에 꽃을 올린 후 한지를 흔들어가며 덖는다.

삼색제비꽃차(비올라꽃차)	
채취 시기	4~5월
특징 및 효능	삼색제비꽃은 주로 흰색, 노란색, 자주색으로 피어나는데, 모양이 다른 다섯 개의 꽃잎이 나비의 날개 모양을 닮았다. 개량된 관상화라 주황색, 갈색, 적색, 청색 등 다양한 색의 꽃이 있으며 꽃의 색에 따라 차의 수색도 달라진다. 폴리페놀과 플라보노이드 함량이 높아 노화를 방지하고 주름을 개선하는 데 효과가 있다. 체지방 감소에도 도움이 되니 미용에 관심이 많은 사람들에게 권할 만한 차다.
제다 시 주의사항	꽃이 예쁜 모양으로 잘 펼쳐지는 편이다. 고온 덖음을 할 때 전기 팬 위에 한지를 깔고 그 위에 꽃을 올린 후 한지를 흔들어가며 덖는다. 한지에 올릴 때 꽃의 얼굴 부분이 바닥을 향하게 잘 정렬해 올리는 게 좋다.

진달래꽃차	
채취 시기	4~5월
특징 및 효능	진달래는 먹을 수 있는 꽃이라는 의미로 '참꽃'이라고도 한다. 예로부터 화전이나 진달래꽃술 등으로 활용되었다. 분홍색 꽃잎이 철쭉과 흡사해 혼동하는 경우가 많은데, 철쭉은 독이 있어 먹을 수 없는 꽃으로 분류되니 유의해야 한다. 가녀린 나뭇가지의 맨 끝부분에 1~3송이의 꽃이 피었다 진 뒤에 잎이 나오는 것이 진달래, 여러 송이의 꽃과 잎이 나뭇가지에 함께 피는 것이 철쭉이다. 기침을 멎게 하고 가래를 제거하는 효과가 있어 기침감기로 고생할 때 마시면 좋다.
제다 시 주의사항	갓 핀 꽃을 사용해야 하며, 수술에 미량의 독성이 있으므로 반드시 제거해야 한다. 고온 덖음을 할 때 전기 팬 위에 한지를 깔고 그 위에 꽃을 올린 후 한지를 흔들어가며 덖는다.

팬지꽃차	
채취 시기	5~8월
특징 및 효능	화려한 색감 덕분에 거리의 화단에서 흔히 볼 수 있는 팬지는 '생각하다'란 뜻의 프랑스어 '팡세(Pensée)'에서 이름을 따왔다. 다채로운 색깔과 부드러운 꽃잎 덕분에 샐러드에 곁들여 포인트를 주거나 비빔밥 등에 고명으로 올리는 등 식용으로 쓰이는 대표적인 꽃이기도 하다. 안토시아닌 성분이 풍부해 노화 방지 및 눈 건강을 지키는 데 효과적이며, 항균 및 해독 작용이 뛰어나다. 또한 항암 작용 및 혈당 조절에도 뛰어니니다.
제다 시 주의사항	갓 핀 꽃을 채취하여 사용한다. 한지에 올려놓을 때 꽃의 얼굴 부분이 바닥을 향하게 놓는다. 고온 덖음을 할 때 전기 팬 위에 한지를 깔고 그 위에 꽃을 올린 후 한지를 흔들어가며 덖는다.

장미꽃차	
채취 시기	5~9월
특징 및 효능	장미는 꽃의 여왕이라고 불릴 만큼 전 세계적으로 사랑받는 꽃이다. 품종 개발이 활발하게 이루어져 흰색, 노란색, 붉은색 등 그 종류만 무려 2만여 종이 넘는다. 향기도 매우 싱그러워서 사랑을 고백할 때나 감사의 마음을 표현할 때 선물하는 대표적인 꽃이다. 장미꽃차는 여성을 위한 차라고 칭할 만큼 여성에게 특화된 다양한 효능을 갖추고 있다. 에스트로겐이 풍부하여 호르몬 균형 유지에 도움이 되고, 비타민 A와 C도 풍부해 노화를 예방하고 미백, 주름개선 등 피부미용에도 좋다. 우울한 기분이 들 때 마시면 신경을 안정시켜주기도 하니 갱년기로 고생하는 여성에게 도움이 된다.
제다 시 주의사항	활짝 피기 직전의 꽃을 준비해 꽃잎을 한 장씩 떼어 한지 위에 올린다. 고온 덖음을 할 경우에는 한지 없이 전기 팬 위에서 직접 덖는다.

57

접시꽃차	
채취 시기	6~8월
특징 및 효능	접시꽃은 우리나라 각지에서 만나볼 수 있는 정감 있는 꽃이다. 흰색과 붉은색으로 피어나는 모습이 팔꽃이나 무궁화를 닮은 것 같지만, 훨씬 더 크고 소담한 모양새다. 「접시꽃 당신」이라는 시의 소재로 등장하며 그리움의 상징으로 널리 알려지기도 했다. 대소변의 순환을 원활하게 하는 작용을 해서 몸속의 노폐물을 배출하는 데 도움이 되고, 여성 질환을 예방하고 자궁을 보호하는 데 좋다. 가임기 여성이 가볍게 마시기 좋은 꽃차이지만, 임신부는 피하는 것이 좋다.
제다 시 주의사항	갓 핀 꽃을 골라 줄기를 자르고, 수술을 제거한다. 한지 위에 올릴 때 꽃의 얼굴 부분이 바닥을 향하게 한다. 고온 덖음을 할 때 전기 팬 위에 한지를 깔고 그 위에 꽃을 올린 후 한지를 흔들어가며 덖는다.

금잔화꽃차	
채취 시기	6~9월
특징 및 효능	노란색으로 피어나는 꽃의 모양이 금빛 술잔을 닮았다고 해서 금잔화로 불린다. 화장품의 재료로 널리 쓰이는 카렌듈라Calendula가 바로 금잔화인데, 로마인들이 달의 초하루를 'calendae'라고 불렀던 것에서 유래했다. 이 시기에 맞춰 꽃이 피었기 때문이다. 루테인 성분이 풍부해 눈 건강을 유지하는 데 도움이 된다. 또한 목 안에 염증이나 상처가 있을 때 금잔화꽃차를 마시면 빨리 가라앉는다.
제다 시 주의사항	갓 핀 꽃을 골라 줄기를 제거한다. 한지에 올릴 때 꽃의 얼굴 부분이 바닥을 향하게 한다. 고온 덖음을 할 때 전기팬 위에 한지를 깔고 그 위에 꽃을 올린 후 한지를 흔들어가며 덖는다.

라벤더꽃차	
채취 시기	6~9월
특징 및 효능	라벤더는 보랏빛 색감만큼이나 향기 또한 매우 화려해 여러 미용 제품에 활용되는 꽃이다. 특히 고대 로마 시절부터 입욕제로 쓰였는데, 라벤더라는 이름은 라틴어 'lavo, lavare(목욕하다)'에서 따온 것이다. 라벤더는 흥분을 가라앉히고 진정 효과가 있어서 두통, 불면증 등에 도움이 된다. 또한 피부 재생 효과가 있어 여드름, 아토피, 피부 염증이 있을 때 지속적으로 마시면 좋다.
제다 시 주의사항	활짝 피지 않은 꽃을 준비해 꽃송이가 상하지 않도록 알알이 따준다. 고온에서 덖으면 향이 날아갈 수 있으므로, 향을 유지하기 위해 약간 낮은 온도에서 덖어야 한다.

분꽃차	
채취 시기	6~10월
특징 및 효능	분꽃이라는 이름은 왕의 눈에 들고 싶었던 궁중의 여인이나 기녀들이 씨앗을 곱게 가루 내서 매끈한 무결점 피부를 표현하는 데 사용했던 것에서 비롯되었다. 영문명은 '4시 Four-o'clock'인데, 영락없이 4시가 되면 피어나는 꽃의 특성을 반영했다고 한다. 짙은 분홍빛이 잘 우러나와 식용 색소의 원료로도 쓰인다. 열을 내리고 혈액 순환을 원활하게 하여 염증이 생겼을 때 붓기를 가라앉히는 데 도움이 된다. 얼굴에 생긴 반점, 기미, 여드름 등을 완화하는 역할을 하기도 한다.
제다 시 주의사항	갓 핀 꽃을 골라 수술을 제거한다. 한지에 올릴 때 꽃의 얼굴 부분이 바닥을 향하게 한다. 고온 덖음을 할 때 전기 팬 위에 한지를 깔고 그 위에 꽃을 올린 후 한지를 흔들어 가며 덖는다.

61

벌개미취꽃차	
채취 시기	6~10월
특징 및 효능	벌개미취는 우리나라의 특산 식물로, 영문명은 '한국의 별 꽃(Korean Starwort)'이다. 연보라빛의 기느디런 꽃잎 사이로 노랗게 자리 잡은 꽃술이 매력적이다. 밤하늘에 촘촘히 박혀 있던 별이 잠시 지상에 내려와 쉬어가려다가, 날이 밝아 미처 올라가지 못한 채 꽃이 되고 말았다는 사랑스러운 전설을 간직했다. 기침, 가래, 천식 등 기관지 질환을 완화시키는 데 도움이 된다. 동시에 항염, 항균 작용을 하므로 감기에 걸렸을 때 마시면 좋다.
제다 시 주의사항	갓 핀 꽃을 채취하여 줄기를 자른다. 다른 꽃보다 열에 약하므로 한지를 2장 깔아야 하며, 꽃의 얼굴 부분이 바닥을 향하게 올린다. 고온 덖음을 할 때 전기 팬 위에 한지를 깔고 그 위에 꽃을 올린 후 한지를 흔들어가며 덖는다.

달맞이꽃차	
채취 시기	7월
특징 및 효능	달맞이꽃은 이름에 걸맞게 해 질 무렵 피었다가 해가 다 넘어가고 나면 꽃잎을 오므리는 특성을 지니고 있다. 이런 특성 덕분에 영미권에서는 '이브닝 프림로즈(저녁의 앵초꽃)', 이탈리아에서는 '벨라 디 노떼(밤의 미인)', 중국에서는 '야래향(밤에 찾아오는 향기)', 일본에서는 '월견초(달을 바라보는 풀)' 등으로 불린다. 콜레스테롤을 억제하여 지방이 축적되는 것을 막고, 여드름 예방 및 치료에 좋다. 또한 미백 효과도 있어 미용에 도움이 되는 꽃차 가운데 하나이다.
제다 시 주의사항	갓 핀 꽃을 골라 수술을 제거한다. 한지에 올릴 때 꽃의 얼굴 부분이 바닥을 향하게 한다. 고온 덖음을 할 때 전기 팬 위에 한지를 깔고 그 위에 꽃을 올린 후 한지를 흔들어 가며 덖는다.

도라지꽃차	
채취 시기	7~8월
특징 및 효능	도라지꽃의 봉오리는 풍선 모양을 하고 있어 영어로는 '벌룬 플라워(Balloon flower)'라고 한다. 통통하게 부풀어 오른 봉오리는 흰색과 짙은 보라색의 별모양으로 예쁘게 피어난다. 도라지꽃차를 우리면 처음에는 푸른빛이 감도는데, 산성을 만나면 보랏빛으로 변한다. 사포닌, 단백질, 칼슘, 철분 등의 영양소가 풍부한 알칼리성이며, 감기와 천식 등 호흡기 및 기관지 질환에 도움이 되므로 미세먼지가 심할 때 마시면 도움이 된다.
제다 시 주의사항	꽃잎이 벌어지지 않은 봉오리를 골라 줄기를 다듬는다. 봉오리의 이음새를 따라 꽃잎을 다섯 가닥으로 펼치고, 수술을 제거한다. 한지에 올릴 때에는 꽃의 얼굴 부분이 바닥을 향하게 놓는다. 고온 덖음을 할 때 전기 팬 위에 한지를 깔고 그 위에 꽃을 올린 후 한지를 흔들어가며 덖는다.

목화꽃차	
채취 시기	7~9월
특징 및 효능	희고 보송보송한 목화꽃의 솜으로는 화선지와 옷감, 나뭇가지는 종이의 원료나 땔감, 씨앗은 면실유, 찌꺼기는 빨랫비누, 깻묵은 사료나 비료로 쓰인다. '어머니의 사랑'이라는 꽃말처럼 아낌없이 모두 주는 식물이다. 따뜻한 성질로 다소 매운 맛을 내는데, 간 기능을 보호하는 데 도움이 되기 때문에 평소 음주를 즐기는 사람들에게 추천한다.
제다 시 주의사항	갓 핀 꽃을 골라 수술을 제거한다. 한지에 올릴 때 꽃의 얼굴 부분이 바닥을 향하게 한다. 고온 덖음을 할 때 전기팬 위에 한지를 깔고 그 위에 꽃을 올린 후 한지를 흔들어가며 덖는다.

무궁화꽃차	
채취 시기	7~10월
특징 및 효능	우리나라의 국화인 무궁화는 여름부터 가을까지 100여 일간 만나볼 수 있는 꽃으로, 새벽에 피어난 꽃이 오후에는 점차 오므라들며 해 질 무렵에 지는 것을 반복한다. 이렇게 한 나무에서 3천 송이 이상의 꽃이 피었다 지는 장관을 연출한다. 항균성이 강해 꾸준히 마시면 구충제 역할을 대신하기도 하며, 설사로 탈수가 심해졌을 때도 도움이 된다. 또한 두통을 완화시키는 효과도 있다.
제다 시 주의사항	봉오리를 채취해 상온에 하루 정도 방치한다. 봉오리가 살짝 벌어지면 수술을 제거하고, 조심스럽게 꽃을 펼친 뒤 얼굴 부분이 바닥을 향하게 한지 위에 올린다. 고온 덖음을 할 때 전기 팬 위에 한지를 깔고 그 위에 꽃을 올린 후 한지를 흔들어가며 덖는다.

부용꽃차	
채취 시기	8~9월
특징 및 효능	부용꽃은 무궁화와 비슷해 혼동하기 쉽지만, 꽃송이가 매우 크고 시간에 따라 꽃의 색이 변하는 특징이 있다. 아침에는 하얀색과 연분홍색으로 피었다가, 점점 짙은 분홍색으로 변하고 저녁에는 붉은색을 간직한 채 지는 신비로운 꽃이다. 혈액 중의 열과 독을 제거하여 피를 맑게 하는 효과가 있으며, 특히 폐와 기관지에 이롭다. 피부 보습과 노화 방지, 주름 개선에도 긍정적인 영향을 미친다.
제다 시 주의사항	봉오리를 골라 상온에 반나절 정도 둔다. 봉오리가 살짝 벌어지면 수술을 제거하고, 조심스럽게 꽃을 펼친 뒤 얼굴 부분이 바닥을 향하게 한지 위에 올린다. 고온 덖음을 할 때 전기 팬 위에 한지를 깔고 그 위에 꽃을 올린 후 한지를 흔들어가며 덖는다.

뚱딴지꽃차(돼지감자꽃차)	
채취 시기	8~10월
특징 및 효능	행동이나 사고방식 등이 매우 엉뚱할 때 '뚱딴지같다'라는 표현을 쓴다. 돼지감지의 또 다른 이름이 뚱딴지인데, 울퉁불퉁하고 투박한 뿌리와는 대조적으로 아름다운 꽃이 피어나기 때문에 이런 이름이 붙었다. 뚱딴지꽃의 이눌린이라는 단맛 성분은 체내에 흡수되지 않기 때문에 당뇨병 환자의 감미료로 많이 활용된다. 다당류인 올리고당을 일부 함유해 혈당 상승을 차단하기도 한다. '천연 인슐린'이라는 별명이 붙은 것도 이 때문이다.
제다 시 주의사항	갓 핀 꽃을 골라 줄기를 자른다. 한지 위에 올릴 때는 꽃의 얼굴 부분이 바닥을 향하게 놓는다. 다른 꽃보다 열에 약하므로 한지를 2장 깔아야 한다. 고온 덖음을 할 때 전기 팬 위에 한지를 깔고 그 위에 꽃을 올린 후 한지를 흔들어가며 덖는다.

2. 열에 약하고 봉오리가 살아 있는 꽃

① 꽃은 봉오리 상태로 준비한다. 가지에 달려 있는 경우 봉오리가 상하지 않도록 알알이 떼어낸다.

② 90℃로 맞춘 전기 팬에 한지를 깔고, 꽃을 가지런히 올려 저온 덖음한다. 이때 꽃이 열을 받아 축축해지는데 건드리지 말고 그대로 두어야 한다.

③ 한지와 맞닿은 꽃봉오리의 면이 까슬해지면 한지를 한쪽으로 기울여 꽃을 뒤섞었다가, 대나무 집게를 이용해 다시 가지런히 펼쳐 놓는다.

④ 한지의 반대편도 똑같이 기울여 꽃의 자리를 바꾸어 놓는다.

⑤ 꽃봉오리가 전체적으로 까슬해지면 한지를 통째로 들어 올려 전기 팬에서 내린다. 온도조절기의 램프가 꺼져 팬의 온도가 떨어지면 꽃도 식기 시작한다. ㄱ 순산에 한시를 내려야 한다.

⑥ 꽃을 10분 이상 충분히 식힌다. 부채를 이용하면 더욱 좋다.

⑦ 수분이 제거되어 꽃이 바스락거릴 때까지 ②~⑥의 과정을 7회 반복한다.

⑧ 전기 팬을 180℃로 예열하고, 온도조절기의 램프가 꺼졌을 때 온도조절기를 끈다.

⑨ 전기 팬 위에서 꽃이 담긴 한지를 흔들며 고온 덖음한다. 경우에 따라 160℃로 예열한 전기 팬 위에서 대나무 집게나 손을 이용

해 직접 덖기도 한다.

⑩ 전기 팬의 온도가 떨어져 꽃이 더 이상 열을 받지 않게 되면 한
지를 통째로 들어 올려 전기 팬에서 내린다.

⑪ 꽃을 10분 이상 충분히 식힌다. 부채를 이용하면 더욱 좋다.

⑫ 수분 상태를 체크하며 ⑧~⑪의 과정을 4~5회 반복한다.

⑬ 온도를 60℃(F점)로 맞춘 전기 팬에 꽃을 가지런히 올리고, 뚜껑
을 덮어 2시간 동안 향매김을 한다.

⑭ 완성된 꽃차를 소독한 밀폐용기에 담아 보관한다.

매화꽃차	
채취 시기	2~4월
특징 및 효능	매화는 매서운 추위가 채 가시기 전, 겨울의 끝자락과 봄의 시작 사이에 피어나는 꽃이다. 예 선조들은 꽁꽁 얼어붙은 땅 위에서 향기롭고 아름다운 꽃을 피워내는 매화를 '회춘, 정조'의 상징으로 여겼다. 가슴이 답답하거나 소화가 잘되지 않는 증상, 목에 이물질이 걸린 것 같은 증상에 도움을 주기 때문에 약 복용에 제한이 있는 임산부나 노약자가 마시면 좋다. 또한 피부를 맑고 깨끗하게 해주며, 기미와 주근깨가 생기는 것을 막는다.
제다 시 주의사항	통통한 봉오리를 채취해 만든다. 열전도가 잘되지 않을 수 있으므로 꽃을 한지 위에 올릴 때 겹겹이 쌓이지 않도록 주의한다. 고온 덖음을 할 때는 대나무 집게를 사용하여 전기 팬 위에서 직접 덖는다.

72

박태기꽃차	
채취 시기	4월
특징 및 효능	박태기꽃은 봉오리 진 자줏빛 꽃이 나뭇가지에 다닥다닥 붙어 있는 모양새가 밥풀을 닮아 '밥티기'로 부르던 것이 점차 변형되어 박태기라는 이름이 되었다. 북한에서는 구슬이 옹기종기 모여 있는 것 같다는 의미로 '구슬꽃나무'라고 한다. 서양에서는 예수를 배반한 유다가 박태기나무에 목매어 죽었다고 하여 유다나무Judas tree라고도 한다. 이뇨 작용이 강해 소변이 제대로 나오지 않는 사람의 노폐물 배출에 도움이 되고, 혈액순환을 도와 부종으로 생기는 다양한 통증을 가라앉히는 데 도움을 준다.
제다 시 주의사항	봉오리가 올망졸망 달려 있을 때 줄기를 붙잡고 위부터 아래까지 한번 쓱 훑어 내리면 꽃을 쉽게 다듬을 수 있다. 고온 덖음을 할 때는 대나무 집게를 사용하여 팬 위에서 직접 덖는다.

도화꽃차(개복숭아꽃차)	
채취 시기	4~5월
특징 및 효능	미인의 얼굴을 '도화검桃花臉'이라고 부를 만큼 도화꽃은 아름다움이 기준으로 여겨진다. 분홍빛으로 소담히게 피어나는 꽃의 모양새를 보면 '매력', '유혹' 등의 꽃말이 붙은 데 고개가 끄덕여진다. 차가운 성질을 지닌 데다 식이섬유를 함유하고 있어 변비와 결석에 특효가 있다. 만성 변비로 고생하는 사람들에게 강력 추천하는 꽃차이지만, 변비가 없는 사람들이 과하게 마시면 설사로 고생할 수 있으니 주의해야 한다.
제다 시 주의사항	통통한 봉오리를 채취하여 사용한다. 열전도가 잘되지 않을 수 있으므로 꽃을 한지 위에 올릴 때 겹겹이 쌓이지 않도록 주의한다. 고온 덖음을 할 때는 대나무 집게를 사용하여 전기 팬 위에서 직접 덖는다.

조팝나무꽃차	
채취 시기	4~5월
특징 및 효능	조팝나무는 하얀 꽃이 마치 튀겨놓은 좁쌀처럼 보여서 조팝이라는 이름으로 불리게 되었다. 길가에서도 쉽게 발견할 수 있는 꽃으로, 하얀 눈꽃이 봄의 신록을 뒤덮어 버린 것만 같은 풍경을 연출한다. 신부의 화관으로 자주 쓰여 영어로는 브라이덜 리스Bridal Wreath라고 한다. 아스피린의 주원료인 살리실산 성분이 함유되어 있어 해열 능력이 뛰어나다. 여드름 및 주름 개선, 멜라닌 색소 억제 등의 효과가 있어 피부 미용에도 도움을 준다.
제다 시 주의사항	꽃을 직접 채취할 경우, 나뭇가지를 흔들었을 때 후드득 떨어지는 꽃을 제외한 흰 꽃만 따서 사용한다. 고온 덖음을 할 때 전기 팬 위에 한지를 깔고 그 위에 꽃을 올린 후 한지를 흔들어가며 덖는다.

75

골담초꽃차	
채취 시기	5월
특징 및 효능	뼈 질환에 효능을 보여 '골담초'라는 이름이 붙은 꽃으로 누란나비가 날개를 펼치 거 같은 모양을 하고 있다. 이외에도 참새가 가지에 달려 있는 것처럼 보여 '금작화', 노란색 봉황을 닮았다 하여 '금계아', 무량수전 뒤편에 꽂아 놓은 의상대사의 지팡이에서 피어났다고 해 '선비화'라는 이름으로도 불린다. 셰익스피어의 작품과 『성경』에도 등장한다. 신경통과 관절통, 진통이 있을 때 진정시키는 효과가 있으며, 얼굴이 누렇게 뜨고 힘이 없을 때나 식욕이 없고 속이 더부룩할 때 마시면 좋다.
제다 시 주의사항	봉오리로 채취하여 색이 변하기 전에 제다를 시작해야 한다. 다른 꽃에 비해 수분이 제거되는 시간이 더 소요될 수 있으므로, 수분이 제거되어 꽃이 바스락거릴 때까지 ②~⑦의 과정을 충분히 반복해야 한다. 고온 덖음을 할 때는 대나무 집게를 사용하여 팬 위에서 직접 덖는다.

등나무꽃차	
채취 시기	5월
특징 및 효능	하늘에 매달려 쏟아지듯 피어나는 등나무꽃의 하늘거리는 보랏빛 꽃잎은, 마치 포도송이가 주렁주렁 달린 듯한 광경을 연출한다. 꽃그늘에 들어서면 한동안 발걸음을 뗄 수 없을 정도로 매혹적이고 짙은 향기를 지녔다. 경주에는 천연기념물로 지정된 '용등'이라는 이름의 늙은 등나무 두 그루가 있는데, 이 등나무꽃을 말려 신혼 금침에 넣으면 부부 금실이 좋아지고, 부부 사이에 문제가 생겼을 때 이 꽃을 삶아 마시면 관계가 회복된다는 전설이 있다. 안토시아닌이 풍부하여 노화를 방지하는 효과가 있으며, 열을 내리고 장을 청소해 변비로 고생하는 사람에게 도움이 된다.
제다 시 주의사항	피기 직전의 통통한 봉오리 상태로 꽃차를 만들어야 특유의 아름다운 빛깔을 볼 수 있다. 고온 덖음을 할 때는 대나무 집게를 사용하여 팬 위에서 직접 덖는다.

아까시꽃차	
채취 시기	5월
특징 및 효능	아까시꽃은 달콤한 향기로 잘 알려진 꽃으로 꽃 안에 담긴 꿀을 빨아먹던 추억을 지닌 세대기 있을 정도로 빅빅한 꿀을 가진 밀원식물이다. 아카시아라는 이름으로 널리 알려져 있지만, 북미가 원산지인 나무의 이름을 잘못 사용한 것이므로 아까시라고 부르는 것이 옳다. 흰색 꽃이 대부분이나 자줏빛을 띠는 꽃도 있다. 로비닌 성분이 풍부해 이뇨 작용이 뛰어나고 신장염이나 방광염을 개선하는 효과가 있다. '천연 항생제'라는 별명도 있는데, 내성으로 항생제가 잘 듣지 않는 경우에 꾸준히 마시면 도움이 된다.
제다 시 주의사항	꽃이 피기 직전의 통통한 봉오리 상태로 꽃차를 만들어야 특유의 아름다운 빛깔을 볼 수 있다. 고온 덖음을 할 때는 전기 팬에 직접 쏟아 대나무 집게 또는 손으로 저어가며 덖어야 풍부한 맛과 향을 느낄 수 있다.

캐모마일꽃차	
채취 시기	5~6월
특징 및 효능	허브티로 잘 알려져 있는 캐모마일은 상큼한 사과향이 나서 '땅에서 나는 사과'라는 별칭을 가지게 되었다. 배드민턴의 셔틀콕을 닮은 꽃의 모양이 한없이 작고 연약해 보이지만, '역경을 견디는 힘'이라는 외유내강의 꽃말을 간직하고 있다. 고대 이집트에서는 캐모마일을 태양의 신에게 바칠 정도로 그 치유력이 귀하게 여겨지기도 했다. 만성 소화불량이나 신경성 위염, 위장 장애, 변비, 설사 등에 특효를 보인다. 불면증으로 고생하는 사람이 숙면을 취할 수 있도록 도와 서양에서는 잠들기 전에 마시는 차로 잘 알려져 있다.
제다 시 주의사항	갓 핀 꽃을 채취하여 줄기를 제거한다. 고온 덖음을 할 때 전기 팬 위에 한지를 깔고 그 위에 꽃을 올린 후 한지를 흔들어가며 덖어야 꽃잎이 떨어지지 않는다.

고마리꽃차	
채취 시기	7~10월
특징 및 효능	수질 정화 능력이 뛰어난 식물로 나물, 약재, 쇠여물 등 여러 고로 유용하게 쓰였다. 꼬맹이, 싸바리, 고만잇내 등 여러 가지 이름으로 불린다. 고마리는 우리 몸을 정화하는 역할도 뛰어나다. 이뇨 작용으로 노폐물을 원활하게 배출해 신장 정상화에 도움을 주기도 하고, 눈을 맑게 해서 시력을 보호하기도 한다.
제다 시 주의사항	봉오리 상태일 때 줄기와 잎을 제거하고, 꽃만 다듬어서 꽃차로 만든다. 고온 덖음을 할 때는 대나무 집게를 사용하여 팬 위에서 직접 덖는다.

메밀꽃차	
채취 시기	8~10월
특징 및 효능	이효석의 『메밀꽃 필 무렵』에는 "산허리는 온통 메밀밭이어서 피기 시작한 꽃이 소금을 뿌린 듯이 흐뭇한 달빛에 숨이 막힐 지경이다"라는 구절이 있다. 하얗고 작은 꽃이 파도의 포말처럼 드넓게 펼쳐진 풍경을 소금 뿌려놓은 모양에 비유한 것이다. 메밀꽃은 찬 성질을 지니고 있는데, 몸의 열을 내려 염증을 완화하는 효과가 뛰어난 편이다. 아미노산과 비타민이 함유되어 있어 비만을 예방하고, 피부 미용에 도움이 되기도 한다.
제다 시 주의사항	꽃과 잎이 떨어지지 않도록 줄기를 손질한다. 온도에 민감한 꽃이므로 타지 않도록 유의해야 한다. 고온 덖음을 할 때 전기 팬 위에 한지를 깔고 그 위에 꽃을 올린 후 한지를 흔들어가며 덖는다.

81

3. 열에 약하고 꽃의 모양을 살려야 하는 꽃

① 통꽃으로 준비한다. 꽃의 모양이 예쁘게 펼쳐지도록 다듬는다. 경우에 따라 수술을 제거하기도 한다.

② 90℃로 맞춘 전기 팬에 한지를 깔고, 꽃을 가지런히 올려 저온 덖음하는 방법과 찜기를 올린 뒤 그 위에 한지를 깔고 꽃을 올려 열건하는 방법이 있다. 이때 꽃이 열을 받아 축축해지는데 건드리지 말고 그대로 두어야 한다. 경우에 따라 한지와 맞닿은 꽃잎의 면이 까슬해지면 대나무 집게를 이용해 꽃을 뒤집는다.

③ 꽃이 전반적으로 까슬해지기 시작하면 한지를 통째로 들어 올려 전기 팬에서 내린다. 온도조절기의 램프가 꺼져 팬의 온도가 떨어지면 꽃도 식기 시작한다. 그 순간에 한지를 내려야 한다.

④ 꽃을 10분 이상 충분히 식힌다. 부채를 이용하면 더욱 좋다.

⑤ 꽃의 수분이 제거되어 바스락거릴 때까지 ②~④의 과정을 1일 내외로 충분히 반복한다.

⑥ 전기 팬을 180℃로 예열하고, 온도조절기를 끈다.

⑦ 전기 팬 위에서 꽃이 담긴 한지를 흔들며 고온 덖음한다. 경우에 따라 대나무 집게나 손을 이용해 전기 팬 위에서 170℃로 예열하여 직접 덖기도 한다.

⑧ 전기 팬의 온도가 떨어져 꽃이 더 이상 열을 받지 않게 되면 한지를 통째로 전기 팬에서 내린다.

⑨ 꽃을 10분 이상 충분히 식힌다. 부채를 이용하면 더욱 좋다.

⑩ 수분 상태를 체크하며 ⑥~⑨의 과정을 4~5회 반복한다.

⑪ 60℃ (F점)로 맞춘 전기 팬에 꽃을 가지런히 올리고, 뚜껑을 덮어 2시간 동안 향매김을 한다. 경우에 따라 향매김 전에 전기 팬에 꽃을 올리고 1일간 가향처리를 한다. 이때 온도조절기의 램프는 수차례 들어왔다 꺼지는 것을 반복한다.

⑫ 완성된 꽃차를 소독한 밀폐용기에 담아 보관한다.

동백꽃차	
채취 시기	2~4월
특징 및 효능	겨울에 꽃이 핀다는 의미로 '동백冬栢'이라고 불리게 되었다. 아름다운 자태와는 달리 향기가 거의 없는 것이 특징이다. 겨울에 피는 꽃의 특성상 향기로 곤충을 유혹하는 것이 아니라 화려한 색감으로 동박새를 불러들여 꽃가루받이를 하기 때문이다. 탁월한 지혈 효과가 있어서 코피, 자궁 출혈, 혈변, 월경 과다 등 출혈 때문에 곤란을 겪는 사람들이 꾸준히 마시면 도움이 된다. 혈당과 혈압을 낮춰 당뇨, 고혈압, 동맥경화 등 성인병 예방에도 좋다.
제다 시 주의사항	봉오리 상태의 꽃을 골라 줄기를 자른다. 봉오리를 살살 매만져서 개화한 꽃의 모양으로 펼친다. 열건을 진행하는 꽃으로, 한지에 올릴 때 꽃의 얼굴 부분이 위쪽을 향하도록 한다. 수분이 많은 편이므로 저온 덖음을 할 경우 하루 정도의 시간이 필요하다. 고온 덖음을 할 때는 전기 팬 위에서 직접 대나무 집게를 이용해 덖는다.

목련꽃차	
채취 시기	3~4월
특징 및 효능	목련은 '나무에서 피는 연꽃'이라는 의미를 가진 꽃이다. 짙은 갈색의 나뭇가지에 흰색 목련이 풍성히게 피이니는 모습은 새하얀 새가 도도하게 앉아 있는 것처럼 보이기도 한다. 아주 짧은 시간 동안 피었다가 금세 지는 꽃이기 때문에 애틋함을 느끼게도 한다. 살짝 매콤한 맛이 나는 목련꽃차는 코 막힘과 축농증, 비염 등 이비인후과 질환에 매우 좋은 천연 치료제다. 플라보노이드와 알칼로이드가 함유되어 가래와 냉한 기운을 없애는 데도 도움이 되니 미세먼지가 심한 날에 마시면 좋다.
제다 시 주의사항	상처가 나면 갈변하기 쉬운 꽃이므로 하루 정도 상온에 시들게 두었다가 봉오리를 감싼 껍질을 깐 뒤, 봉오리를 조심스럽게 매만져서 개화한 꽃의 모양으로 펴준다. 수술을 제거해야 하며 수분이 많은 꽃이기 때문에 열건을 2일 내외로 충분히 해야 한다.

단풍나무꽃차	
채취 시기	3~4월
특징 및 효능	봄에 피는 단풍나무꽃은 가을을 화려하게 수놓는 단풍나무 잎만큼이나 붉다. 막 돋아나는 파릇한 나뭇잎과 앙증맞은 꽃송이들이 조화를 이루어 가을과는 또 다른 느낌의 색다른 풍경을 만들어 낸다. 계절별로 달라지는 매력 때문인지 단풍나무는 궁궐의 정원수로도 꾸준히 사랑을 받았다. 단풍을 붉게 물들이는 주성분인 탄닌이 심장과 비장을 튼튼하게 해 혈액 순환을 촉진시키고, 노폐물을 제거하여 피를 맑게 해준다.
제다 시 주의사항	단풍잎과 붉은색 꽃이 분리되지 않게 손질한다. 전기 팬 위에 한지를 깔고 저온 덖음을 하는 꽃이다. 고온 덖음을 할 때는 전기 팬 위에 한지를 깔고 그 위에 꽃을 올린 후 한지를 흔들며 덖어야 한다.

겹벚꽃차	
채취 시기	4~5월
특징 및 효능	겹벚꽃은 일반적으로 잘 알려진 벚꽃이 지고 난 뒤, 늦은 봄까지 오래도록 피어 벚꽃의 빈자리를 메운다. 흰색과 분홍색이 어우러져 겹겹이 피어나는 꽃잎의 모양새가 무척 복스러워 쿠키나 케이크, 떡 등 각종 요리의 데커레이션으로 많이 활용한다. 벚꽃에 함유된 시트릭산(구연산)은 우리 몸속의 피로물질을 제거하는 효능이 있기 때문에 숙취가 심할 때나 식중독에 걸렸을 때 마시면 해독 작용을 한다.
제다 시 주의사항	여러 송이가 달려 있는 줄기를 체리 같은 형태로 두세 송이만 남겨 다듬는 게 가장 예쁘다. 열건을 해야 한다. 고온 덖음을 할 때는 전기 팬 위에 한지를 깔고 그 위에 꽃을 올린 후 한지를 흔들며 덖어야 한다.

90

꽃사과꽃차(서부해당화꽃차)	
채취 시기	4~5월
특징 및 효능	꽃사과나무는 산사나무라고도 하는데, '산에서 자라는 아침의 나무'라는 의미를 지닌 중국의 산사수에서 유래한 이름이다. 희거나 붉은 꽃들이 가지 위에 옹기종기 피어나는 모양새가 비슷해 서부해당화, 아그배나무, 야광나무, 꽃아그배나무 등을 꽃사과나무라고 부르기도 한다. 약간 단맛이 감도는 차로, 비타민 C와 소화효소가 풍부해 피로 회복, 신경쇠약, 변비 완화에 좋고 성인병을 예방하는 효과도 있다.
제다 시 주의사항	여러 송이가 달려 있는 줄기를 체리 같은 형태로 두세 송이만 남겨 다듬는 게 가장 예쁘다. 전기 팬 위에 직접 한지를 깔고 저온 덖음을 하는 꽃이다. 고온 덖음을 할 때는 전기 팬 위에 한지를 깔고 그 위에 꽃을 올린 후 한지를 흔들며 덖어야 한다.

으름꽃차	
채취 시기	4~5월
특징 및 효능	으름꽃은 덩굴 식물에서 피어나는 꽃이다. 꽃받침 조각이 꽃잎인양 소담하게 벌어져 자줏빛 자태를 뽐낸다. 흰 나무에 암꽃과 수꽃이 나란히 피는데, 커다란 암꽃을 작은 수꽃들이 호위하듯 둘러싸고 있다. 으름 열매는 달콤하고 길쭉한 모양 덕분에 '한국의 바나나'라고 불리기도 한다. 으름은 12경락을 잘 통하게 한다고 하여 한방에서는 '목통'이라고도 부르는데, 우리 몸의 각종 기능들을 원활하게 하는 작용을 한다.
제다 시 주의사항	같은 방법으로 차를 만드는 꽃들에 비해 열에 약한 편이다. 열건을 하는 꽃으로 온도가 높으면 검게 변할 수 있으니 주의해야 한다. 고온 덖음을 할 때 전기 팬 위에 한지를 깔고 그 위에 꽃을 올린 후 한지를 흔들며 덖어야 한다.

금계국꽃차	
채취 시기	5~6월
특징 및 효능	꽃잎이 금색 닭의 벼슬을 닮았다고 해서 금계국이라는 이름이 붙었다. 자생력이 뛰어나서 5~8월이면 길가에서 흔히 볼 수 있는 대표적인 노란색 꽃이다. 가을의 코스모스만큼이나 흔히 볼 수 있다는 의미로 '여름 코스모스'라고 하기도 한다. 몸의 열을 내리고 독성을 제거하는 효능이 있어서 염증이 생겼을 때 회복을 돕는다. 갈증이 심할 때 금계국꽃차를 마시면 갈증을 해소하는 데 도움이 된다.
제다 시 주의사항	갓 핀 꽃을 골라 줄기를 제거한다. 전기 팬 위에 직접 한지를 깔고 저온 덖음을 하는 꽃이다. 다른 꽃보다 열에 약하므로 한지를 2장 깔아야 하며, 한지에 올릴 때 꽃의 얼굴 부분이 바닥을 향하게 놓아야 한다.

엉겅퀴꽃차	
채취 시기	5~6월
특징 및 효능	가시가 있는 것과 없는 것 등 여러 종류가 있지만 꽃의 색깔만큼은 영롱한 지주 빛으로 같다. 간을 보호하고 혈압을 조절하는 것으로 유명한 '밀크씨슬'도 엉겅퀴의 한 종류다. 엉겅퀴의 실리마린 성분이 간과 담낭을 보호하는 역할을 하는데, 간과 관련된 의약품 이외에 숙취 제거 음료에도 활용되니 따뜻하게 우려 마시면 숙취를 해소하는 데 도움이 된다.
제다 시 주의사항	덜 핀 상태의 꽃을 골라 줄기를 자른다. 냄비에 물과 약간의 소금을 넣고, 물이 끓으면 꽃을 살짝 데쳐 찬물에 헹군다. 물기를 제거한 후 제다법에 따라 전기 팬 위에 한지를 깔고 저온 덖음을 한다. 고온 덖음을 할 때는 전기 팬 위에서 바로 덖는다.

작약꽃차(함박꽃차)	
채취 시기	5~6월
특징 및 효능	박처럼 크고 탐스러운 꽃이라는 의미에서 함박꽃이라고도 한다. 모양새가 탐스럽기도 하지만, 색깔도 다양하고 아름다워 웨딩 부케로도 많이 쓰인다. 작약꽃차는 한약 같은 향이 난다고 하기도 하고, 팥물을 우렸을 때의 맛이 난다고도 한다. 생리 불순, 생리통 등 여성 질환에 효과가 있어 여성들이 마시면 좋은 차다.
제다 시 주의사항	봉오리 상태의 꽃을 골라 줄기와 수술을 제거한다. 꽃잎을 잘 펴준 후 모양이 망가지지 않도록 한지 위에 올릴 때 꽃의 얼굴 부분이 위쪽을 향하게 한다. 수분이 많은 꽃이기 때문에 열건을 2일 내외로 충분히 해야 한다. 고온 덖음을 할 때는 전기 팬 위에서 바로 덖는다.

해당화꽃차	
채취 시기	5~7월
특징 및 효능	크고 아름다운 붉은색 꽃이 매혹적인 해당화는 예로부터 선비들에게 사랑받은 꽃으로, 시니 노래의 소재로 자주 등장했다. 양귀비가 잠이 덜 깬 자신의 붉은 얼굴을 해당 화라고 칭했다는 전설에 빗대어 '미인의 잠결'이라는 꽃말 이 붙었다. 로자닌 성분이 함유되어 있어 고지혈, 고혈압, 고혈당, 중 성지방 등 각종 성인병을 억제하는데 도움이 된다. 밤에 소변을 자주 보거나 설사를 할 때 꾸준히 마시면 증상이 완화되는 것을 느낄 수 있다.
제다 시 주의사항	줄기를 잘라낸 봉오리 상태의 꽃으로 만든다. 전기 팬 위 에 직접 한지를 깔고 저온 덖음을 하는 꽃이다. 고온 덖음 을 할 때는 전기 팬 위에서 꽃을 하나씩 뒤집어가며 덖는 다. 장미꽃차처럼 꽃잎만 따서 덖는 것도 좋다.

96

데이지꽃차	
채취 시기	5~9월
특징 및 효능	데이지의 어원은 '데이즈 아이Day's eye'다. 햇햇빛을 받으면 고개를 들고, 해가 저무는 밤에는 고개를 내리는 모습이 마치 낮에 눈을 뜨는 것처럼 보여 붙은 이름이다. 유럽에서는 잎을 식용할 정도로 생활과 밀접한 꽃이다. 종류와 색이 다양하고 개량종도 많은 편이지만, 특히 하얀 데이지는 흰색 꽃잎 중심에 노란 꽃술이 빼곡히 자리 잡고 있는 모습 덕분에 '계란꽃'이라고 불리기도 한다. 심신을 안정시키고 불면증을 완화시키는 데 도움을 준다. 또한 감기를 예방하는 효과가 있어 감기 기운이 있을 때 마시면 좋다.
제다 시 주의사항	갓 핀 꽃을 골라 준비한다. 전기 팬 위에 직접 한지 2장을 깔고 저온 덖음을 하는 꽃이다. 한지에 올릴 때는 꽃의 얼굴 부분이 바닥을 향하게 하고, 꽃잎이 오그라들면 바로 뒤집어야 한다. 고온 덖음을 할 때는 전기 팬 위에 한지를 깔고 그 위에 꽃을 올린 후 한지를 흔들며 덖어야 한다.

97

마거리트꽃차	
채취 시기	5∼9월
특징 및 효능	마거리트는 관상용으로 사랑받는 꽃으로, 짙은 녹색 잎에 청초한 꽃이 피어난다. 노란색, 빨간색, 보리색 등 다양한 색의 꽃이 있지만 단연 하얀 마거리트가 많은 사랑을 받으며 널리 알려졌다. 최근에는 하우스 재배 등으로 계절에 상관없이 언제라도 만나볼 수 있다. 불안과 긴장으로 가슴이 두근거리거나 숨이 찰 때 마거리트꽃차의 향기를 음미하면 진정에 도움이 되며, 초기 감기에 마시면 좋다.
제다 시 주의사항	갓 핀 꽃을 골라 준비한다. 전기 팬 위에 직접 한지를 깔고 저온 덖음을 하는 꽃이다. 한지에 올릴 때는 꽃의 얼굴 부분이 바닥을 향하게 한다. 고온 덖음을 할 때 한지를 흔들어가며 해야 한다.

산수국꽃차	
채취 시기	6월
특징 및 효능	산수국은 토양의 pH 농도에 따라 색깔이 변하는 마법 같은 꽃이다. 산성 토양에서는 푸른색, 알칼리성 토양에서는 붉은색, 중성 토양에서는 하얀색 꽃이 핀다. 제주에서는 이런 특성이 변하기 쉽고 변덕스러운 도깨비의 마음과 닮았다며 '도채비고장(도깨비꽃)'이라고 부르기도 한다. 산수국꽃차는 약간 매콤하면서도 단맛이 나는데, 이 단맛은 비당성이므로 다이어트에 좋다. 목구멍이 벌겋게 부어오르고 아픈 인후통을 가라앉히고, 알레르기를 예방하는 데도 효과적이다.
제다 시 주의사항	산수국은 넓은 꽃잎의 가짜 꽃과 작은 꽃잎인 진짜 꽃으로 이루어져 있다. 두 꽃이 적절하게 어우러지도록 다듬는다. 열건을 해야 한다. 고온 덖음을 할 때는 전기 팬 위에 한지를 깔고 그 위에 꽃을 올린 후 한지를 흔들며 덖어야 한다.

마리골드꽃차(만수국꽃차)	
채취 시기	6~10월
특징 및 효능	고대 그리스에서는 영웅의 화관을 만들 때 마리골드를 사용하곤 했다. 떠오르는 태양을 닮았다는 이유에서다. 진하고 독특한 향기가 특징인데, 이 향기가 해충의 접근을 막기도 한다. 루테인 성분이 풍부해 눈 건강 관련 건강보조식품으로도 활발하게 쓰인다. 마리골드가 가진 루테인 성분은 눈의 피로를 줄이고 안구의 세포를 보호하는 역할을 하므로 책을 많이 보는 수험생이나 노화로 눈 건강이 저하된 사람, 컴퓨터나 핸드폰 사용이 잦은 현대인에게 도움이 된다.
제다 시 주의사항	갓 피어난 꽃을 채취하여 줄기를 자른다. 수분이 많은 꽃이기 때문에 열건을 2일 내외로 충분히 해야 한다. 한지 위에 올릴 때는 꽃의 얼굴이 옆쪽을 바라보도록 눕혀 놓는다. 꽃잎을 낱낱이 따서 차를 만들 수도 있는데, 이 경우에는 '열에 약하고 꽃잎이 얇은 꽃'과 동일한 방법을 따른다. 고온 덖음을 할 때는 전기 팬 위에서 바로 덖는다.

백일홍꽃차	
채취 시기	6~10월
특징 및 효능	백 일 동안 붉게 핀다는 의미를 지닌 백일홍은 여러 번의 개량을 거쳐 지금과 같은 모습으로 자리 잡게 되었다. 꽃의 색깔이 선명하고 다양하며, 크기도 소형부터 대형까지 다양하다. 간혹 배롱나무의 꽃을 백일홍이라고 부르는 경우도 있지만, 전혀 다른 식물이다. 미열이 있을 때 마시면 열과 통증을 완화시키고, 설사가 심할 때 장을 진정시키는 데 도움이 되기도 한다.
제다 시 주의사항	갓 핀 꽃을 채취하여 줄기를 잘라 다듬는다. 열건을 하는 꽃으로, 한지 위에 올릴 때는 꽃의 얼굴이 바닥을 향하게 한다. 고온 덖음을 할 때는 전기 팬 위에서 바로 덖는다.

연꽃차	
채취 시기	7~8월
특징 및 효능	연꽃은 진흙이 그득한 연못에서 자라지만, 진흙에 물들지 않은 순백과 흙색의 청초하고 아름다운 꽃을 피워낸다. 꽃차로 만들어지는 꽃 중 크기로는 단연 으뜸인데, 통꽃으로 차를 만들기도 하고 각각의 부위를 따로 다듬어 만들기도 한다. 혈액순환을 돕고, 빈혈 예방, 신경 안정, 불면증에 좋다.
제다 시 주의사항	봉오리 상태의 꽃을 골라 줄기를 자르고, 꽃잎을 잘 펴준 후 모양이 망가지지 않도록 얼굴 부분이 위로 향하게 한지 위에 올린다. 수분이 많은 꽃이기 때문에 열건을 3일 내외로 충분히 해야 한다.

홍화꽃차(잇꽃차)	
채취 시기	7~8월
특징 및 효능	홍화는 황홀하게 우러나는 노란 수색과 특유의 진한 향미 덕분에 세계 유명 티 브랜드들의 단골 블렌딩 재료이이다. 세상에서 가장 오래된 염료라고 불리기도 하는데, 이에 걸맞게 '당신을 물들이다'라는 꽃말이 있다. 눈이 충혈되었을 때나 결막염, 또는 다래끼가 생겼을 때 마시면 염증을 가라앉히는 데 도움이 된다. 특히 폐경, 산후병증, 생리 불순 등 여성 질환에 효과적인데 주로 뭉친 혈을 풀어 주는 작용을 하므로 임신 중이거나 생리 중일 때는 삼가야 한다.
제다 시 주의사항	꽃술이 탐스러운 것을 골라 가시와 잎을 제거한다. 냄비 또는 전기 팬에 물과 약간의 소금을 넣고, 2분간 살짝 찐다. 물기가 없는 전기 팬 위에 찜기를 놓고 한지 없이 직접 꽃을 올려 열건한다. 고온 덖음을 할 때는 전기 팬 위에 올리고 대나무 집게로 굴려가며 덖는다.

해바라기꽃차	
채취 시기	8~9월
특징 및 효능	해바라기는 작열하는 태양의 강렬함을 닮은 꽃이다. 햇빛을 향해 고개를 돌리는 특성이 있어 한반에서는 '향일규화向日葵花'라고 하며, 서양에서는 '태양의 꽃Sun Flower'이라고 한다. 하염없이 태양을 바라보는 모습 덕분에 '숭배, 기다림'이라는 꽃말을 가졌다. 각종 성인병을 개선하는 데 도움을 주고 두통, 치통, 복통, 생리통 등 각종 통증을 완화시키는 효과를 보인다.
제다 시 주의사항	갓 핀 꽃으로 골라 줄기를 자른다. 수분이 많은 꽃이기 때문에 열건을 2일 내외로 충분히 해야 한다. 한지에 올릴 때에는 꽃의 얼굴 부분이 아래를 향하게 한다. 꽃받침이 두꺼운 편이므로 바늘로 10군데 정도 찔러 수분이 쉽게 빠질 수 있게 한다. 고온 덖음을 할 경우 꽃을 하나씩 뒤집어가며 전기 팬 위에서 직접 덖는다.

노랑코스모스꽃차(황화코스모스꽃차)	
채취 시기	8~10월
특징 및 효능	노랑코스모스는 여름부터 가을까지 볼 수 있는 꽃으로, 주황색에 가까운 짙은 노랑색을 가지고 있다. 종종 비슷한 색과 모양을 가진 금계국으로 오해받기도 하지만, 찬란한 주황 수색은 노랑코스모스꽃차만이 표현할 수 있는 아름다움의 극치다. 노랑코스모스는 여타의 국화과 꽃들에 비해 폴리페놀과 플라보노이드가 다량 함유되어 있어 항산화 작용과 체지방 감소 효과가 뛰어나다. 만성피로를 완화하고, 충혈된 눈을 맑게 하는 효과가 있다.
제다 시 주의사항	갓 핀 꽃을 골라 줄기를 자른다. 반나절 정도 열건을 하는 꽃으로, 한지에 올릴 때에는 꽃의 얼굴 부분이 위쪽을 향하게 한다. 고온 덖음을 할 때 전기 팬 위에 한지를 깔고 그 위에 꽃을 올린 후 한지를 흔들어가며 덖는다.

코스모스꽃차	
채취 시기	8~10월
특징 및 효능	코스모스는 알록달록한 색깔로 길가를 수놓는 대표적인 가을꽃이다. 신이 세상을 꾸미기 위해 처음으로 꽃이라는 존재를 만들었을 때 습작으로 완성한 것이 코스모스라는 신화가 전해진다. 열을 내리고 몸속의 독소를 제거하는 역할을 하기 때문에 피부병이 생겼을 때나 붓기가 심할 때 마시면 도움이 된다. 또한 만성피로를 완화하여 충혈된 눈을 맑게 하는 효과가 있다.
제다 시 주의사항	갓 핀 꽃을 골라 줄기를 자른다. 반나절 정도 열건을 하는 꽃으로, 한지에 올릴 때에는 꽃의 얼굴 부분이 위쪽을 향하게 한다. 고온 덖음을 할 때 전기 팬 위에 한지를 깔고 그 위에 꽃을 올린 후 한지를 흔들어가며 덖는다.

구절초꽃차	
채취 시기	9~10월
특징 및 효능	가을날 오솔길에 무심한 듯 흩어져 피어나는 구절초의 단정함은 은은한 향과 어우러져 소박한 매력을 발산한다. 화려하지 않아 더욱 익숙한 꽃으로, 우리나라에 30여 종이 자생하고 있지만 대부분 들국화로 불린다. 따뜻한 성질을 가진 구절초는 비와 위를 보호하는 효과가 있어서 소화가 잘되도록 돕고, 지방 분해에도 탁월하다. 차가운 체질의 여성에게 생기는 병증에도 도움이 된다.
제다 시 주의사항	갓 핀 꽃을 골라 줄기를 자른다. 열건을 2일 내외로 진행하는 꽃으로, 한지에 올릴 때에는 꽃의 얼굴 부분이 아래를 향하게 한다. 고온 덖음을 할 때 전기 팬 위에 한지를 깔고 그 위에 꽃을 올린 후 한지를 흔들어가며 덖기도 하지만, 국화꽃차와 마찬가지로 감초물을 스프레이에 넣고 꽃에 뿌려가며 전기 팬 위에서 바로 덖기도 한다.

국화꽃차	
채취 시기	9~11월
특징 및 효능	국화는 예로부터 매화, 난초, 대나무와 함께 사군자로 불렸다. 다른 꽃들이 경쟁하듯 앞다투어 피는 봄과 여름이 아니라, 가을이 되어서야 차가운 서리를 맞아가며 꿋꿋하게 피어나는 모습 속에 고고한 기품과 절개를 발견한 것이다. 종류와 크기가 다양하여 다양한 제다법을 적용해 볼 수 있는 재료다. 스트레스로 인한 두통과 현기증에 효과를 보여 마음을 진정시키고, 숙면을 유도한다. 열을 내리고 독소를 제거하며 균으로부터 보호하는 작용도 뛰어나 여드름, 피부염, 아토피 등에 도움이 된다.
제다 시 주의사항	갓 핀 꽃을 골라 줄기를 자른다. 3일 내외로 열건을 하는 꽃으로, 물 1L에 감초 10g을 넣어 물의 양이 반으로 줄어들 때까지 끓인다. 고온 덖음을 할 때 만들어둔 감초물을 스프레이에 넣고, 꽃에 뿌리며 덖는 과정을 3회 반복하고, 추가로 2회 정도 덖어 마무리한다. 전기 팬 위에서 바로 덖는다.

차꽃차	
채취 시기	10~11월
특징 및 효능	차나무의 찻잎은 봄에 채취하여 녹차, 청차, 황차, 백차, 흑차, 홍차 등 6대 차류를 만들고, 가을에 개화하는 차꽃으로는 꽃차를 만든다. 한 나무에서 차와 대용차가 모두 탄생하는 것이다. 차꽃차는 차나무의 산물인 만큼 녹차나 백차처럼 조금은 가벼운 차들과 블렌딩해서 마시면 효능과 모양, 향기가 두 배가 된다. 차나무꽃은 우리 몸의 활성산소를 제거해 노화를 방지한다. 또한 주름과 피부 탄력을 개선하고 보습을 하는 등 미용 면에서도 뛰어난 효과를 보인다. 혈중 콜레스테롤 수치를 낮추기도 한다.
제다 시 주의사항	살짝 피기 시작한 꽃을 채취한다. 열건 과정을 거쳐야 하는데, 다른 꽃보다 수분이 많으므로 한지를 2장 깔고 덖으면 빛깔이 예쁘게 완성된다. 고온 덖음을 할 경우 전기 팬 위에서 바로 덖는다.

수선화꽃차	
채취 시기	12~3월
특징 및 효능	수선화꽃차의 모양을 한마디로 표현할 수 있는 단어가 있다 바로 '금잔옥대金盞玉臺'인데, 마치 옥쟁반 위에 금잔을 올려놓은 형상 같다는 의미가 담겼다. 제주에서 유배 생활을 하는 동안 수선화의 아름다움에 매료되었던 추사 김정희가 붙인 별호다. 약간 쓰고 매운맛이 나며, 향수를 뿌렸나 싶을 정도로 진한 향기가 특징이다. 열을 내리고 붓기를 가라앉히는 데 도움이 된다. 미량이나마 독성이 있으므로 많이 마시지 않도록 유의해야 한다.
제다 시 주의사항	피어 있는 꽃을 채취하여 줄기를 제거하고, 열건을 하는 꽃으로 한지 위에 꽃의 얼굴 부분이 옆쪽을 바라보게 눕혀서 올린다. 고온 덖음을 할 경우 전기 팬 위에서 바로 덖는다.

110

4. 열에 강한 꽃

① 꽃을 가지나 줄기에서 분리해 다듬는다.

② 전기 팬을 160℃로 예열하고, 온도조절기 램프의 불이 꺼지면 전기 팬 위에서 직접 손으로 저어가며 고온 덖음한다. 이때 면장갑을 끼는 것도 좋다.

③ 온도조절기 램프에 다시 불이 들어왔다가 꺼지면 온도조절기를 완전히 끄되, 꽃은 계속 덖는다.

④ 전기 팬의 온도가 떨어짐에 따라 꽃이 더 이상 열을 받지 않게 되면 면 보자기나 한지 위에 꽃을 쏟아 고르게 펴준 뒤 10분 이상 충분히 식힌다. 부채를 이용하면 더욱 좋다.

⑤ ②~④의 과정을 2회 반복한다.

⑥ 전기 팬의 온도를 180℃로 예열한 뒤, 꽃의 수분이 제거되어 바스락거릴 때까지 ②~④의 과정을 9회 반복한다.

⑦ 전기 팬을 60℃ (F점)로 맞춘다. ⑨~⑩의 과정을 거치는 동안 온도조절기의 램프는 수차례 들어왔다 꺼지는 것을 반복한다.

⑧ 전기 팬에 꽃을 가지런히 올리고, 4시간 동안 가향처리를 한다.

⑨ 뚜껑을 덮어 2시간 동안 향매김을 한다.

⑩ 완성된 꽃차를 소독한 밀폐용기에 담아 보관한다.

산수유꽃차	
채취 시기	3~4월
특징 및 효능	자그마한 20~30개의 꽃들이 하나의 꽃대에 달려 방사형으로 피어나는 모양새기 노란 눈꽃송이 믿기도 인 산수유꽃은 '영원불멸의 사랑'이라는 꽃말을 가졌다. 구례에는 평생 함께하고 싶은 연인에게 노란 산수유 꽃송이와 타원형의 붉은 열매를 선물하는 풍습이 있다. 달콤하면서도 한약과 흡사한 향기가 매력 포인트이다. 대부분의 꽃이 여성성의 상징으로 여겨지는데 반해 산수유꽃은 남성성을 대변한다. 남성의 정력 증강과 원기 회복에 도움이 되기 때문이다.
제다 시 주의사항	첫 번째 고온 덖음을 할 때 180℃로 예열해야 고운 색의 꽃차를 얻을 수 있다.

114

생강나무꽃차	
채취 시기	3~4월
특징 및 효능	나무와 꽃에서 생강과 비슷한 향이 난다고 해서 생강나무라는 이름이 붙었다. 작고 노란 방사형 꽃이 나뭇가지 끝에 바글바글 달린 모양이 산수유꽃과도 비슷하다. 김유정의 『동백꽃』에는 "한창 피어 퍼드러진 노란 동백꽃 속으로 폭 파묻혀 버렸다. 알싸한 그리고 향긋한 그 냄새에 나는 땅이 꺼지는 듯이 온 정신이 고만 아찔하였다"라는 구절이 나오는데, 여기 나오는 노란 동백꽃이 바로 생강나무꽃이다. 예로부터 강원도에서는 생강나무를 '산동백'으로 불렀다. 생강나무꽃은 따뜻한 성질을 가졌으며 산후병의 명약으로 알려져 있는데, 열을 내리고 붓기를 가라앉히는 효능이 있어 출산 후 몸이 붓고 팔다리가 아픈 것을 완화하는 데 효과적이다.
제다 시 주의사항	첫 번째 고온 덖음을 할 때 180℃로 예열해야 고운 색의 꽃차를 얻을 수 있다.

싸리꽃차	
채취 시기	7~8월
특징 및 효능	싸리꽃은 한여름에 자주색으로 피어난다. 아까시나 등나무꽃처럼 통통하게 봉오리가 올랐다가 틈간이 피지듯 탁 터지며 개화한다. 꽃과 잎을 털어내고 곧은 줄기만으로 빗자루를 만들면 좋다고 해서 싸리라는 이름이 붙었다. 폐 기능을 강화하여 기침병을 비롯한 각종 기관지 질환에 도움이 된다. 빈혈, 두통, 안면홍조 등에도 효과적이다.
제다 시 주의사항	가지를 흔들었을 때 후드득 떨어지는 꽃은 쓰지 않고 나뭇가지에서 꽃만 골라 분리해서 차를 만들어야 한다. 첫 번째 고온 덖음을 할 때 180℃로 예열해야 고운 색의 꽃차를 얻을 수 있다. 첫 번째 고온 덖음 후 살짝 유념을 해주면 더욱 깊은 색과 향을 느낄 수 있다.

쑥꽃차	
채취 시기	7~9월
특징 및 효능	쑥은 동서양을 막론하고 약용으로 사용된 역사가 깊다. 짙은 붉은색 꽃이 한여름에 줄기 아래부터 끝까지 조롱조롱 달린다. 쑥의 속명으로 사용하는 '아르테미시아Artemisia'는 그리스 신화에서 숲과 어린이를 지키는 여신으로 등장하기도 하고, 우리의 단군 신화에서는 인내의 상징으로 나타나기도 한다. 종에 따라 다소 다르지만 주로 따뜻한 성질을 지니고 있기 때문에 생리통, 생리 불순, 자궁 출혈 등 여성 질환에 탁월한 효능을 보인다. 또한 아토피와 피부 가려움증 완화에도 도움이 된다.
제다 시 주의사항	갓 핀 꽃을 채취하여 줄기를 3센티미터 내외로 잘게 잘라 덖는다. 첫 번째 고온 덖음을 할 때 180℃로 예열해야 고운 색의 꽃차를 얻을 수 있다.

117

천일홍꽃차	
채취 시기	7~9월
특징 및 효능	천일홍은 여름부터 가을까지 볼 수 있는 꽃으로 빨간색, 보라색, 분홍색, 흰색 등 색깔이 다양하다. 천 일 동안 피는 꽃이란 이름이 붙은 만큼 한 번 피면 꽃이 오래 가는 편이다. 또한 꽃 색깔도 오랫동안 변하지 않는데, 덕분에 '변치 않는 사랑'이란 꽃말이 붙었다. 천일홍은 따뜻한 성질을 가졌으며 기관지염, 천식, 기침 등 호흡기질환과 소화기관 질환에 효과적이다. 신경이 곤두섰거나 우울할 때 마시면 좋다.
제다 시 주의사항	줄기는 자르되, 잎은 한두 개 정도 남겨 두어야 완성되었을 때 예쁜 꽃차가 된다. 첫 번째 고온 덖음을 할 때 180℃로 예열해야 고운 색의 꽃차를 얻을 수 있다.

118

맨드라미꽃차	
채취 시기	8~9월
특징 및 효능	맨드라미는 생김새가 수탉의 벼슬과 닮아 계관화, 계두화라고도 한다. 붉은색이 쉽게 우러나기 때문에 동치미나 식혜 등을 만들 때 천연 색소로 쓰기도 한다. 배앓이와 설사를 완화시키는 데 도움이 되고, 간의 열과 독을 억제하여 간 건강 악화에서 비롯되는 각종 성인병에 효능을 보이기도 한다.
제다 시 주의사항	씨방을 제거한다. 꽃은 결을 따라 가로로 길게 잘라서 준비한다. 첫 번째 고온 덖음 후 살짝 유념을 해주면 더욱 깊은 색과 향을 느낄 수 있다.

아마란스꽃차(줄맨드라미꽃차)	
채취 시기	8~9월
특징 및 효능	아마란스는 고대 잉카에서 '신이 내린 곡물'로 불렸다. 단백진가 칼슘이 결정체이기 때문이디. 어름부디 기믈에 이르기까지 다채로운 색상의 아마란스가 만개하는데, 고대 그리스인들은 다른 꽃보다 개화 시기가 길었던 아마란스에 '시들지 않는 꽃'이라는 이름을 붙여주기도 했다. 덕분에 '시들지 않는 사랑'이라는 꽃말이 붙기도 했다. 아마란스는 식물성 스쿠알렌과 라이신 성분을 함유하고 있어서 성인병 예방에 효과가 있고, 각종 영양소를 많이 함유한데 반해 콜레스테롤을 억제하는 기능이 있어서 다이어트차로도 손색없다.
제다 시 주의사항	색이 짙고 아름다운 꽃을 골라 줄기를 2센티미터 내외로 잘게 잘라 준비한다.

chapter
4

꽃차 활용

꽃차는 있는 그대로 즐기기에도 훌륭하지만, 범용성이 좋아 다양한 방면으로 활용할 수 있다. 처음 접하는 사람에게는 다소 밋밋하게 느껴질 수도 있는 꽃차의 맛에 색다른 재료를 더해 전혀 새로운 모습의 꽃차를 즐기는 것은 아주 흥미로운 일일 것이다.

여기서는 꽃차를 활용한 티 블렌딩, 음료와 잼을 소개한다.

1. 꽃차를 활용한 티 블렌딩

티 블렌딩은 여러 종류의 찻잎과 부재료를 혼합하여 새로운 차를 만드는 작업이다. 부재료로는 꽃차, 허브, 과일, 채소, 향신료, 한방재료, 착향료 등 식용 가능한 모든 재료가 쓰인다. 티 블렌딩을 통해 탄생하는 모든 결과물을 티 블렌드Tea Blends라고 한다.

티 블렌딩은 다양하게 분류할 수 있지만 대표적으로 찻잎과 찻잎을 혼합한 블렌디드 티Blended Tea, 찻잎과 다양한 부재료를 혼합한 플레이버드 티Flavored Tea, 찻잎을 제외한 부재료끼리 혼합한 플레이버드 티젠Flavored Tisane이 있다. 이 중 꽃차는 플레이버드 티, 플레이버드 티젠으로서 티 블렌딩이 가능하다.

피치 그린 티|Peach Green Tea

파릇파릇한 녹차우전의 싱그럽고 산뜻한 향기와 도화꽃차의 아련한 복숭아 향기가 어우러진 차다. 차를 한 모금 머금으면, 익숙하지만 한 층 더 부드러운 녹차의 맛이 입 안 가득 퍼진다. 지방 흡수를 억제하는 녹차의 성분과 변비에 좋은 도화꽃차가 건강한 다이어트를 돕는다.

- **재료** 녹차(우전) 0.7g, 도화꽃차 0.2g
- **우리는 방법** 70℃ / 3분 / 200mL

플럼 화이트 티|Plum White Tea

우리는 동안 체리향과 비슷한 매화의 상큼한 향기와 시나몬의 톡 쏘는 향기가 조화롭게 퍼진다. 백차는 달빛 아래서 차나무 잎을 말려 완성되는 차인데, 백차(백호은침) 특유의 은은한 알싸함과 쌉쌀한 맛을 음미하다 보면 어느덧 달빛 아래 매화 꽃잎이 흐드러지게 날리는 나무 아래 있는 듯한 기분이 든다. 열이 심할 때 약으로 사용했을 정도로 차가운 백차의 성질을 매화꽃차의 따뜻한 성질로 중화시켜 누구나 부담 없이 즐길 수 있다.

- **재료** 백차(백호은침) 0.7g, 매화꽃차 0.2g, 라벤더꽃차 0.06g, 시나몬 0.05g
- **우리는 방법** 80℃ / 3분 / 200mL

코스모스 블랙 티|Cosmos Black Tea

4대 홍차의 하나로 유명한 기문의 붉은 수색에 노랑코스모스꽃차의 영롱한 주황색이 어우러져 사랑스러운 빛깔을 선보인다. 약한 훈연향을 지닌 홍차에 레몬그라스의 상큼한 레몬 맛이 가미되어 부드러운 조화를 이룬다. 아미노산과 비타민이 풍부한 홍차와 독소를 제거하는 데 탁월한 노랑코스모스꽃차의 성분이 만나 환절기 면역력 증강에 도움을 준다.

- **재료** 홍차(기문) 0.7g, 노랑코스모스꽃차 0.2g, 레몬그라스 0.3g
- **우리는 방법** 95℃ / 3분 / 200mL

캐모마일 블랙 티|Chamomile Black Tea

다즐링은 '따뜻한 샴페인'으로 불릴 정도로 섬세한 향이 일품인 홍차다. 다즐링만의 순수하면서도 풍부한 맛에 '대지의 사과'라는 별명을 지닌 캐모마일꽃차의 달콤하고 부드러운 향기가 싱그러움을 더한다. 차를 음미하는 말미에는 톡 쏘는 라벤더꽃차의 향이 코끝을 슬며시 자극한다. 여간해선 풀리지 않는 스트레스로 힘든 사람들이 마시면 좋은 차다.

• **재료** 홍차(다즐링) 0.7g, 캐모마일꽃차 0.3g, 라벤더꽃차 0.1g

• **우리는 방법** 95℃ / 3분 / 200mL

로지 아마란스Rosy Amaranth

로지 아마란스는 분홍빛이 감도는 붉은 수색의 차로, 그윽한 장미 향이 돋보인다. 약간의 떫음과 새콤함을 간직한 장미꽃차에 천일홍꽃차의 깔끔한 향미가 더해져 군더더기 없는 산뜻함을 느낄 수 있다. 스트레스 해소와 신경 안정, 우울증에 도움을 준다.

- **재료** 천일홍꽃차 0.6g, 장미꽃차 0.3g
- **우리는 방법** 100℃ / 5분 / 200mL

128

옐로우 블라썸Yellow Blossom

옐로우 블라썸의 수색은 붉은 노을을 쏙 빼 닮았다. 차를 우리면, 캐모마일꽃차의 달달하면서도 상큼한 향기와 페퍼민트의 톡 쏘는 시원한 향기를 중심으로 매화꽃차, 라벤더꽃차의 향기가 조화롭게 피어오른다. 소화가 잘 되지 않을 때 헛배부름과 메스꺼움 등을 완화시키는데 탁월한 효과가 있다.

- **재료** 노랑코스모스꽃차 0.3g, 매화꽃차 0.3g, 캐모마일꽃차 0.5g, 라벤더꽃차 0.1g, 페퍼민트 0.1g
- **우리는 방법** 100℃ / 5분 / 200mL

벌룬 클로버Balloon Clover

짙은 남색의 벌룬 클로버를 한 모금 마시면 두 가지 맛을 느낄 수 있다. 혀끝에서는 도라지꽃차 특유의 쌉쌀함이, 입 안에 가득 머금고 음미하면 캐모마일꽃차의 달콤함과 레몬그라스의 상큼함이 퍼진다. 평소 기침 감기나 천식 등 기관지 질환으로 고생하고 있는 사람에게 추천하는 차다.

- 재료

  도라지꽃차 0.5g, 싸리꽃차 0.1g, 캐모마일꽃차 0.3g, 레몬그라스 0.1g

- 우리는 방법

  100℃ / 5분 / 200mL

골드 매그놀리아Gold Magnolia

향수처럼 세 가지 향기를 음미할 수 있는 차다. 베이스노트는 짧지만 강렬하고 독특한 마리골드꽃차 향, 미들노트는 은은하면서도 살짝 매콤한 목련꽃차 향, 탑노트는 개운한 박하향이다. 다르면서도 비슷한 세 향기의 조합이 매력적이다. 비염과 축농증, 기침, 가래에 효능을 보이므로 미세먼지가 심할 때 마시면 좋다.

- **재료** 마리골드꽃차 0.2g, 목련꽃차 0.3g, 동양박하 0.05g
- **우리는 방법** 100℃ / 5분 / 200mL

✳️ 플레이버드 티젠 Flavored Tisane (꽃차&말린 과일)

트로피컬 벌룬 Tropical Balloon

동양의 아름다움을 품은 도라지꽃차에 열대 과일인 망고와 파인애플을 블렌딩해 이국적인 매력을 담아낸 차다. 시원하면서도 깔끔한 박하향이 후각을 자극하며, 차를 마실 때에는 은은하고 화한 느낌과 함께 입 안 가득 과일 특유의 달고 상큼한 맛이 차오른다. 사포닌, 칼슘, 비타민이 풍부해 초기 감기 개선에 효과가 있다.

- **재료**

  도라지꽃차 0.5g, 망고조각 1g, 파인애플조각 1.3g, 페퍼민트 0.2g

- **우리는 방법**

  100℃ / 5분 / 200mL

로즈 베리Rose Berry

달착지근한 과일 향과 장미꽃차의 은은한 향기를 음미하며 가볍게
즐기기 좋은 차다. 붉은빛이 감도는 투명하고 영롱한 수색이 생기를
불어넣는다. 장미꽃차의 에스트로겐과 비타민, 아로니아의 안토시아
닌 등이 놀라운 시너지를 일으켜 갱년기 여성이 마시면 좋다.

- **재료**

  장미꽃차 0.5g, 딸기조각 0.3g,
  아로니아 0.5g

- **우리는 방법**

  100℃ / 5분 / 200mL

프레그런트 아일랜드Fragrant Island

상큼하고 달달하며 알싸한 향기의 향연을 느끼고 싶다면 프레그런트 아일랜드를 추천한다. 어울리지 않을 것 같은 재료들이 주홍빛 수색 안에서 조화롭게 어우러진다. 과일 향과 시나몬향이 매혹적인 차로, 몸 안의 독소를 제거하고 붓기를 빼는 데 도움을 준다. 다이어트를 할 때 기분전환용으로 마시면 좋다.

- **재료** 노랑코스모스꽃차 0.5g, 라벤더꽃차 0.1g, 파인애플조각 0.5g, 딸기조각 0.3g, 레몬그라스 0.2g, 감초 0.1g, 시나몬 0.1g
- **우리는 방법** 100℃ / 5분 / 200mL

시트러스 캐모마일Citrus Chamomile

은은하게 감도는 페퍼민트에 사과 향을 닮은 캐모마일, 청초하고 상큼한 풋귤의 매력을 강조한 차다. 개성 강한 재료의 조합이 만들어 낸 사랑스러운 향기를 즐기는 것만으로도 우울감은 물론 초기 감기를 떨치는 개운함과 마주할 수 있다.

- **재료**

  캐모마일꽃차 0.6g, 풋귤조각 0.2g, 페퍼민트 0.2g
- **우리는 방법**

  100℃ / 5분 / 200mL

재료의 양은 어떻게 잴까?

블렌딩을 할 때 소수점 둘째 자리까지 확인이 가능한 전자저울을 활용하면 정확한 양을 계량할 수 있다.

블렌딩 재료는 어떤 것을 사용하면 좋을까?

기본적인 맛의 하모니를 위해서는 꽃차와 블렌딩 되는 모든 차의 재료를 꽃차와 동일하게 고온에서 덖은 뒤 차로 완성하여 활용하는 것이 좋다. 그러나 서양의 블렌딩 개념은 말린 재료를 사용하는 것이 대부분이며, 요즘에는 마트나 인터넷에서 말린 과일과 허브, 약재 등을 손쉽게 구입할 수 있다. 따라서 쉽게 구할 수 있는 재료들을 활용하여 블렌딩을 해보는 것을 추천한다. 다만 모든 재료는 반드시 충분히 건조되어 있어야 하며, 재료의 크기를 모두 동일한 사이즈로 잘라서 우러나는 시간의 격차를 줄이는 것이 중요하다. 건조기를 이용하여 직접 말린 재료를 써도 좋다.

취향에 따라 다양한 재료를 활용하여 블렌딩을 시도해 보는 것도 색다른 경험이 될 것이다.

2. 꽃차를 활용한 음료와 잼

＊플라워코디얼Flower Cordial

　코디얼이란 유럽 지역에서 비롯된 음료로, 물과 설탕을 섞어 놓은 시럽에 과일을 넣어 착즙하는 방식으로 만들어진다. 우리나라의 과일청과 비슷한 형태로 에이드, 주스, 칵테일, 라테 등으로 활용 가능한 시럽 원액이다. 취향에 따라 다양한 꽃차를 활용하는 것이 가능하다.

로즈코디얼

• 재료

장미꽃차 5g(생화 30g), 설탕 500g, 물 500mL, 레몬 한 개 반, 로즈마
리 한 줄기

• 레시피

① 생화를 사용하는 경우 잘 씻어서 물기를 빼두고, 레몬은 깨끗이
   씻어둔다. 보관용 병도 깨끗이 소독하여 준비한다.

② 물과 설탕을 함께 끓여서 시럽을 만든다.

③ 소독한 병에 슬라이스한 레몬과 장미꽃차(생화), 로즈마리를 넣
   고 ②의 시럽을 붓는다.

④ 냉장 보관 2주 후 내용물을 모두 걸러낸다.

⑤ 한 달 안에 모두 소비하거나 냉동보관한다.

• 활용법

플라워주스 : 코디얼과 생수를 1:5 비율로 섞어 얼음, 레몬, 허브 등
            을 곁들여 마신다.

플라워에이드 : 코디얼과 탄산수를 1:5 비율로 섞어 얼음, 레몬, 허
              브 등을 곁들여 마신다.

플라워라테 : 코디얼과 따뜻하게 데운 우유를 1:5 비율로 섞고, 시
            나몬 가루를 뿌려준다.

✱플라워비니거Flower Vinegar

비니거는 서양 식초의 한 종류로 엿기름, 사과주, 포도주, 증류 알코올, 당밀 등을 발효하여 만든 것이다. 짙은 향이 특징이다. 이 중에서도 사과식초, 와인식초, 곡물식초 등 천연발효 양조식초를 베이스 삼아 음용할 수 있도록 완성한 것이 플라워비니거이다. 취향에 따라 다양한 꽃차를 활용하는 것이 가능하다.

마리골드비니거

• 재료

마리골드꽃차 5g(또는 생화 30g), 설탕 500g, 식초 500mL, 레몬 슬라이스 한 조각, 로즈마리(또는 애플민트) 한 줄기

• 레시피

① 생화를 사용하는 경우 꽃을 잘 씻어서 물기를 빼두고, 레몬은 깨끗이 씻어둔다. 보관용 병도 끓는 물이나 식초를 활용하여 깨끗이 소독하여 준비한다.

② 믹싱 볼에 분량의 식초와 설탕을 넣고 잘 섞어서 녹인다.

③ 소독한 병에 슬라이스한 레몬과 마리골드꽃차, 로즈마리를 넣고 ②의 시럽을 붓는다.

④ 냉장 보관 2주 후 내용물을 모두 걸러낸다.

⑤ 한 달 안에 모두 소비하거나 냉동 보관한다.

• 활용법

플라워비니거주스 : 비니거와 생수를 1:5 비율로 섞어 얼음, 레몬,
　　　　　　　　 허브 등을 곁들여 마신다.

플라워에이드 : 비니거와 탄산수를 1:5 비율로 섞어 얼음, 레몬, 허
　　　　　　　브 등을 곁들여 마신다.

플라워드레싱 : 비니거와 플레인 요거트를 1:5 비율로 섞어 샐러드
　　　　　　　드레싱으로 사용한다.

✱플라워뱅쇼Flower Vin chaud

뱅쇼는 춥고 긴 겨울을 견뎌야 하는 유럽과 중동 지역에서 추위를 이겨내고 감기를 예방하기 위해 마시기 시작한 크리스마스 음료다. 프랑스어로 뱅Vin은 '와인'을, 쇼Chaud는 '따뜻하다'는 의미이다. 와인에 다양한 부재료를 첨가하여 끓이는데, 이때 꽃차를 넣어 플라워뱅쇼를 만들기도 한다. 취향에 따라 다양한 꽃차를 활용하는 것이 가능하다.

로즈 뱅쇼

• 재료

레드와인 750mL, 물 500mL, 장미꽃차 3g, 오렌지 1개, 레몬 1/3개, 사과 1개, 배 1개, 귤 3개, 키위 1개, 정향 5개, 팔각 1개, 시나몬파우더 1티스푼, 꿀 2큰술, 통후추 10개, 유자청 4큰술, 복분자청 1/2컵

• 레시피

① 과일은 깨끗이 씻어 준비한다. 보관용 병도 끓는 물이나 식초를 활용하여 깨끗이 소독하여 준비한다.

② 과일은 서로 비슷한 크기로 자른다.

③ 냄비에 분량의 와인과 물, 장미꽃차, 과일, 향신료 등 모든 재료를 넣어 1시간 정도 과일에 와인이 스며들게 한다.

④ 냄비 뚜껑을 연 채로 약불에서 끓인다.

⑤ 내용물이 끓기 시작하면, 불을 더 줄여 1시간 정도 뭉근하게 끓인다.

⑥ 체에 과일을 걸러낸다.

⑦ 완성된 뱅쇼가 식으면 병에 담아 냉장 보관하고, 필요한 만큼 데워서 마신다.

*플라워잼Flower Jam

꽃차를 진하게 우려내 잼으로 만들면, 빛깔도 아름답고 향기도 화사한 플라워잼이 완성된다. 플라워잼은 일반적인 잼과 달리 설탕이 들어가지 않아 부담 없이 즐길 수 있는 건강한 디저트이다. 취향에 따라 다양한 꽃차를 활용하는 것도 가능하다.

노랑코스모스잼

• 재료

노랑코스모스꽃차 4g, 노랑코스모스꽃차 꽃잎 약간, 물 400mL, 팩틴 6g, 올리고당 400g, 레몬즙 40g, 꽃잎 약간

• 레시피

① 끓는 물이나 식초를 활용하여 보관용 병을 깨끗이 소독하여 준비한다.

② 400mL의 100℃ 물에 노랑코스모스꽃차 4g을 넣고 20분간 우린다. (우려낸 꽃차 300mL가 필요하다.)

③ 노랑코스모스꽃차를 냄비에 넣은 다음 올리고당과 팩틴을 넣고 풀어준다.

④ 센 불에서 저어가며 끓인다.

⑤ 내용물이 끓기 시작하면, 레몬즙을 넣고 계속 저어준다.

⑥ 점차 잔거품이 올라오며 바글바글 끓기 시작하면, 불을 끄고 조금 더 젓는다.

⑦ 잠시 가만히 두었을 때 내용물 표면에 얇은 막이 생기면 마무리한다.

⑧ 병 속에 노랑코스모스꽃차 꽃잎을 약간 넣고, 잼을 담는다.

제2부

꽃차와 문화

꽃차의 역사

동양의 꽃차

꽃차는 역사적으로 '화차花茶', '훈화차薰花茶', '음화차窨花茶', '향화차香花茶', '향편香片'이라고 불렸다. 특히 향편은 '향기의 조각'이라는 뜻으로, 꽃차의 낭만적인 면모가 있는 그대로 전해진다.

이 책에서는 꽃송이를 있는 그대로 활용한 것만 정확한 의미의 꽃차로 인정하고 있지만, 꽃과 차가 첫 만남을 이룬 화차花茶의 역사만큼은 꽃차의 역사로 인정하고자 한다.

지금으로부터 약 천 년 전 쯤 송나라의 채양蔡襄이 쓴 『다록茶錄』에 "차는 그 자체에서 나타나는 향기가 참다움인데, 공차貢茶를 바치는 사람들이 향기에 욕심내어 용뇌龍腦와 고고膏를 약간 첨가시켜 차의 향기를 한층 높이고 있다"라는 내용이 나온다. 이를 통해 이미 당시에 녹차의 찻잎에 천연의 향기를 첨가시켜 마시는 일이 공공연히 있었다는 것을 유추해볼 수 있다. 특히 『다록』의 내용처럼 공차로 바쳐진 단차에는 용뇌향이나 사향을 섞기도 했다.

이처럼 이미 완성된 차에 식용 가능한 꽃의 향기를 첨가하는 방법을 '음제醬制'라고 한다. 음제화차醬制花茶는 주로 녹차를 재료로 사용했다. 드물게 홍차와 오룡차를 사용하는 경우도 있었다. 음제의 공정이 여러 번 이루어질수록 명차로 여겨졌는데, 정성이 깊어지는 만큼 향도 뛰어났다.

민간에 꽃향기를 흡착하는 제다법이 널리 보급된 것은 명나라에 이르러서다. 명나라 태조주원장의 열일곱 번째 아들인 주권이 말차末茶에 신선한 꽃잎을 띄워 꽃향기도 맡고, 그 자태도 감상하며 차를 마셨다는 데서 비롯되었다. 문헌상의 기록을 살펴보면 1541년 고원경의 『다보茶譜』에는 귤피차의 제다법이, 1590년경 도륭이 쓴 『고반여사考槃餘事』의 「다전茶箋」 편에는 연꽃차의 제다법이 나온다.

> 귤차의 제다법은 먼저 실같이 가늘게 썬 귤껍질 한 근과 바싹 마른 좋은 차 다섯 근의 비율로 혼합한다. 그런 후 난롯불 위에 밀마포를 골고루 펴놓고 깨끗한 숯이불로 약 2~3시간 정도 덮는다. 이렇게 제다한 귤차를 종이봉지에 잘 밀봉하여 필요할 때 사용한다.
>
> -고원경, 『다보』

연꽃차의 제다법은 아직 해가 뜨기 전에 반쯤 핀 백련꽃의 봉오리를 열어 섬세한 차 한주먹을 집어 꽃수염 속에 채운 다음 삼실로 살짝 봉오리를 봉합한 뒤 하룻밤을 새우고, 다음날 아침 일찍 이 연꽃봉오리를 따서 찻잎을 꺼낸 후 종이봉지에 싸서 불기운을 쬔다. 이렇게 찻잎을 같은 방법으로 여러 차례 반복하여 연꽃향이 찻잎 깊숙이 스미게 하여 말려서 마시면 그 차맛이 가히 일품이다.

-도륭, 『고반여사』

실질적으로 화차를 즐기던 민족은 북방의 만주족이었다. 청나라 말기 쑤저우소주 지방의 심복이라는 지방관리가 쓴 『부생육기浮生六記』라는 자서전에는 부인인 운이 자신을 위하여 연꽃차를 끓이는 대목이 나오기도 한다.

여름에 연꽃이 처음 필 때에는 꽃들이 저녁이면 오므라들고 아침이면 피어난다. 운이는 작은 비단 주머니에 엽차를 조금 싸서 저녁에 화심花心에 놓아두었다가 다음날 아침에 이것을 꺼내서 샘물을 끓여 차를 만들기를 좋아했다. 그 차의 향내가 유난히 좋았다.

-심복, 『부생육기』

화차는 청나라 함풍제 때부터 북방 지역을 중심으로 활발히 거래되었는데, 신기하게도 화차가 대량생산되는 지역은 남방에 국한되어 있었다. 푸젠성(복건성)의 푸저우(복주)에서 모리화(재스민)가 재배되었기에, 푸저우에 화차를 생산하는 농가가 많이 있었던 것이다. 그러나 남방 지역, 즉 양쯔강 이남 지역의 사람들에게 화차는 차나무의 잎 이외에 다른 것이 섞였으므로 차다운 차가 아니라며 모욕에 가까운 푸대접을 받았다.

오늘날에는 다양한 화차가 생산되고 있으며, 화차를 제조하는 기술 또한 날로 발전하고 있다. 제다법에 따른 화차로는 초청화차, 홍청화차, 홍차화차, 오룡화차 등이 있다. 홍차화차 중 대표적인 차로는 장미홍차와 매괴홍차가 있으며, 오룡화차 중에서는 계화철관음과 말리오룡이 대표적이다. 꽃의 향기에 따른 분류에는 말리화차, 주란화차, 백란화차, 미란화차, 치자화차, 유자화차, 계화차, 장미화차 등이 있다.

서양의 꽃차

서양 꽃차의 역사는 허브티의 역사와 동일하다고 해도 무방할 것이다. 허브Herb는 푸른 풀을 의미하는 라틴어 '허바Herba'에서 유래했다. 고대 국가에서는 '향, 약초'라는 의미로 이 말을 사용했는데, 기원전 300년경 식물학의 아버지로 불리는 그리스의 학자 테오프라스토스Theophrastus가 『식물의 역사Historia Plantarum』에서 식물을 교목, 관목, 초본 등으로 나누면서 처음으로 허브라는 단어를 사용했고 '꽃, 줄

기, 씨, 잎, 뿌리 등을 약이나 향신료 등으로 사용하는 식물'을 허브로 이르게 되었다.

기원전 1500년경의 기록으로 알려진 고대 이집트의 파피루스『에베르스Ebers』와 기원전 2600년경 바빌로니아와 수메르 사람들이 남긴 진흙 조각에는 고대 허브의 활용 예가 많이 기록되어 있다. 허브가 의료에 사용될 수 있음을 명확히 하고, 체계를 잡기 시작한 것은 고대 그리스부터다. 의학의 아버지로 불리는 히포크라테스Hippocrates는 기원전 400년경 '체액병리학'을 주창하며 400여 종에 달하는 허브의 약효와 처방 방법을 정리하기도 했다. 기원전 1세기경에 활약한 그리스의 약학자 디오스코리데스Dioscorides는『약물지De Materia Medica』에서 약 600여 종의 허브를 다뤘다.

4세기경 실크로드를 따라 아시아의 허브가 유럽으로 퍼져나가기 시작했다. 이 시기 유럽에는 식용 식물이 매우 적었기 때문에 허브를 무척 귀하고 신성한 식물로 여겼다. 10세기에 들어서며 허브에 중동의 연금술이 접목되면서 식물에서 에센셜 오일을 증류하여 추출하는 방법이 자리를 잡았다. 이 기술을 통해 아로마테라피가 유럽 곳곳에 전파되었고, 15~17세기에 이르러서는 수많은 선박이 여러 대륙을 왕래하며 한층 더 깊은 단계의 연구가 활발히 이루어졌다. 12세기경 약제사이자 식물학자였던 허벌리스트들이 저술한 식물지 『허벌Herbal』과 1579년 존 제라드John Gerard가 지은 『식물 이야기The Herbal of General History of Plants』에는 당시 활용되었던 다양한 허브가 기록되어 있다.

근대 이후에는 과학기술의 괄목할 만한 발전으로 허브의 성분을 정확히 파악하게 되었다. 덕분에 허브의 쓰임새는 더욱 넓어졌다. 일부 성분을 추출하여 의약품에 활용하거나, 오일을 추출하여 아로마테라피로 즐기거나, 화장품에 첨가하여 미용의 수단으로 삼기도 했다. 또한 음식에 넣어 향신료로 사용하기도 했다. 그러나 무엇보다 카페인이 없고 향이 좋으며, 각종 약리 성분이 건강에 도움을 주기에 차로 마시는 경우가 많아졌다. 허브의 성분은 대부분 수용성이므로 물에 우려 마시는 과정을 거치면서 자연스럽게 자연이 지닌 풍부한 혜택을 흡수할 수 있다. 이를 허브티라고 부르는데, 대용차인 허브티의 정식 명칭은 티젠Tisane이나 허벌 인퓨전Herbal Infusion이지만, 국내에서는 허브티로 통칭한다. 현재는 이러한 허브를 활용하여 차를 블렌딩하는 것이 보편화되었다.

차로 즐기는 허브 중 캐모마일, 마리골드, 당아욱, 라벤더, 히비스커스 등은 꽃차에서도 사용하는 재료다. 다만 허브티는 재료를 바로 말려서 만들지만, 꽃차는 고온에서 덖는 제다 과정을 거친다는 확연한 차이점이 있다.

우리나라의 꽃차

우리나라의 차문화는 가야의 왕비 허황옥이 인도에서 차 씨앗을 들여온 때부터 시작되었다고 하는 남방 전래설, 신라시대 선덕여왕 때부터 차가 존재하기는 했으나 흥덕왕조에 이르러 김대렴이 당나라에서 차 씨앗을 들여온 이후 성행하였다는 북방 전래설이 있다.

하지만 꽃차를 비롯한 대용차의 역사는 조금 다르다. 차나무의 전

무용총 접객도

묘주부인도

래와 상관없이 우리 조상들은 계절마다 제철 재료를 직접 채취하여 말리고, 꿀에 재우거나, 덖으며 계절의 정취와 해당 재료에서만 얻을 수 있는 영양소를 오래도록 간직하기 위해 노력했다. 즉, 중국의 화차와 달리 꽃 그 자체를 차로 인정하는 문화가 자리 잡혀 있었다.

고구려 무용총의 〈무용총 접객도〉와 안악 3호분의 〈묘주부인도〉에는 찻잔을 든 사람의 모습이 그려져 있는데, 우리 선조들이 오래전부터 차를 즐겼다는 것을 알려주는 기록이다. 왕실과 승려, 문인을 중심으로 차문화가 융성했던 고려시대에는 매화 등의 꽃을 채취해 술이나

차를 만드는 데 사용했다는 기록도 남아 있다.

꽃차에 관한 공식 기록은 조선시대에 등장한다. 조선시대에 들어서면서 잦은 전쟁 및 조공으로 차문화가 다소 쇠퇴했다고 알려져 있으나, 상대적으로 대용차인 꽃차의 활용이 더욱 두드러졌다. 1433년에 간행된 『향약집성방鄕藥集成方』에는 복숭아꽃, 남가새꽃, 국화꽃, 구기자꽃 등을 복용하여 무병장수하는 방법이 등장한다.

> 복숭아꽃은 음력 3월 초에, 남가새꽃은 7월 초에, 국화꽃은 9월 초에, 구기자 잎은 봄에, 구기자꽃은 여름에, 구기자 열매는 가을에, 구기자 뿌리는 겨울에 채취하여 그늘에서 말린 다음 각각 같은 양으로 부드럽게 가루 내어 하루에 세 번 물에 타서 먹는다. 백 일 동안 먹으면 몸이 좋아지고, 이백 일 동안 먹으면 힘이 백 배나 솟구치며 오래 먹으면 몸이 가벼워지고 장수한다.
>
> ─유효봉 · 노중례 · 박윤덕, 『향약집성방』

또한 조선 중기의 문신 권문해가 집필한 우리나라 최초의 백과사전 『대동운부군옥大東韻府群玉』(1589)에는 산다화차에 대한 기록이 남아 있다. 산다화는 애기동백을 지칭하는 것으로, 단군 이래 한민족이 애음했다는 13가지 차 가운데 동백꽃차가 자리 잡고 있다.

허준의 『동의보감東醫寶鑑』(1610) 「탕액편」에도 무궁화 등의 꽃을 차로 마셔서 병증을 치료했다는 기록이 남아 있으며, 빙허각 이씨의 『규

합총서閨閤叢書』(1809)에는 "섣달 지난 뒤 대칼로 반만 핀 매화 봉오리를 따 내려서 말리어 꿀에 넣어둔다. 여름 날씨 햇볕이 한창 내리쬘 때 그것을 물에 넣으면 꽃이 즉시 뜨고 맑은 향기가 사랑스럽다"라며 매화차와 국화차를 즐기기 위해 꽃을 봉오리째 따서 꿀에 넣어둔다고 했다.

이능화는 『조선불교통사朝鮮佛教通史』(1918)에서 "조선의 이름난 차로서 백두산의 백산차, 김해 백월산의 죽로차, 제주도의 귤꽃차는 모두 귀한 것인데도 사람들이 잘 모른다"라며 조선의 이름난 차로 제주도의 귤꽃차를 꼽기도 했다.

오늘날에는 단순히 꽃을 말리거나 꿀 또는 소금에 절여서 차를 만드는 데 그치는 것이 아니라, 꽃의 독성을 없애고 꽃 고유의 향과 모양, 맛을 모두 즐길 수 있도록 돕는 다양한 제다 방법이 개발되었다. 화차의 역사가 시작된 중국, 허브티와 블렌딩티의 천국이라 불리는 유럽 등 세계 어느 곳에서도 찾아볼 수 없는 우리나라 꽃차만의 유일무이한 특징이다.

꽃차 상식

꽃차를 우리는 물 온도와 시간은 다른 차와 다를까?

꽃차와 가장 비슷한 온도의 물을 사용하는 것은 홍차인데, 90~95℃ 정도의 물을 사용하여 '점핑'이라고 하는 대류 현상을 일으킨다. 찻잎이 뜨거운 물과 함께 티포트 속을 회전하며 맛과 향의 풍미를 높이는 것이다. 반면, 산화발효도가 낮은 편에 속하는 녹차, 백차 등은 떫은맛을 줄이고 감칠맛을 살리기 위해 60~80℃를 오가는 낮은 온도의 물을 사용한다. 우리는 시간도 차의 산화 정도에 따라 달라진다. 보통 홍차가 3~5분 정도 차를 우리는 반면, 백차나 녹차의 경우 1~3분 정도로 짧게 차를 우려낸다. 꽃차는 다른 차와 달리 100℃의 끓는 물을 이용하여 2~5분가량 꽃마다 차등을 두어 우린다.

팔팔 끓어 기포가 채 가시지 않은 물로 차를 우리는 이유는 크게 두 가지다.

첫 번째는 꽃잎이 가진 고유의 빛깔에 손상을 주지 않으면서도 최상의 수색을 끌어내기 위함이며, 두 번째는 꽃차가 지닌 유효 성분이 충분히 추출될 수 있도록 돕기 위함이다.

차를 우리는 시간이 다른 이유는 꽃 저마다의 특색이 있기 때문이다. 꽃이 가지고 있는 떫은맛이 우러나지 않도록 도우면서도 덖음 꽃차만이 지니고 있는 특유의 향과 맛을 충분히 살릴 수 있도록 하는 것이 목적이다. 이렇게 한 번 우려낸 꽃차는 같은 방법으로 두세 번 더 우려서 마실 수 있다.

차를 우리는 시간과 물의 온도는 개인의 취향과 티포트의 크기, 물의 양, 마시는 사람의 숫자에 따라서도 달라질 수 있으므로 상황에 따라 적절히 변화를 주는 것이 좋다.

꽃차는 어떤 물로 우려야 할까?

물은 미네랄의 함량에 따라 크게 경수와 연수로 분류된다. 대표적인 미네랄 성분에는 칼슘과 칼륨, 마그네슘이 있는데, 이를 모두 탄산칼슘으로 환산하여 수치화 한 것이 바로 물의 경도다. 경도가 100 미만인 경우에는 연수, 100~300에 속하는 경우를 중경수, 300 이상인 경우를 경수라고 한다.

꽃차를 우리는 데는 주로 경도가 낮은 종류의 물, 즉 연수가 사용된

다. 주로 한국의 수돗물(아리수)과 정수기물, 국내에서 생산 및 유통되는 다수의 생수가 연수에 속한다. 국내에서 구하기 가장 쉬운 종류의 물일뿐더러 꽃차가 지닌 본연의 맛과 향기를 이끌어내는 역할을 적절히 수행한다. 단, 수돗물은 잔류 염소의 향이 미미하게나마 남아 있기 때문에 맛과 향이 부드러운 편에 속하는 꽃차를 우리기에는 적합하지 않다. 정수기물은 정수 방법에 따라 여타 다른 물에 비해 미네랄 함량이 현저히 적어 물 자체에서 영양소를 섭취하기 어려운 측면이 있다.

수돗물은 꽃차를 우리기에 적합하지 않지만, 수색을 위해 사용하는 경우가 종종 있다. 수소이온농도pH가 중성이거나 약알칼리성에 가까운 물이 수색에 민감한 꽃차 고유의 색을 잘 이끌어내기 때문이다. 초록 수색을 자랑하는 팬지꽃차, 삼색제비꽃차가 여기 해당된다. 국내생수는 약알칼리성에 가깝고, 정수기의 물은 정수 방법에 따라 약산성을 띠기도 하기 때문에 꽃차를 우렸을 때 기대한 수색이 나오지 않을 경우 사용하는 물의 종류를 바꾸는 것도 좋은 방법이다.

연수(경도 30~100)	중경수(경도 100~300)	경수(경도 300~)
수돗물(아리수), 정수기물, 생수(삼다수, 백산수, 아이시스 등)	생수(에비앙 등)	국내에는 시판되는 경우가 별로 없으나, 유럽 등 외국산 미네랄워터의 대부분이 경수에 속한다.

꽃차를 신선하게 오래 보존하려면?

완성된 꽃차는 열탕 소독한 유리나 트라이탄 소재의 병에 밀봉하여 보관하는 것이 가장 좋다. 또 가급적이면 어둡고 서늘하며 건조한 곳에 보관하여 직사광선과 습기로부터 차단하는 것이 중요하다. 꽃차는 공기 중 수분의 변화와 빛 노출에 매우 민감하기 때문이다. 수분 함량이 높아지면 모양과 향, 맛이 변질되기 쉬운데다 곰팡이나 벌레가 생길 수 있고, 빛에 장시간 방치되면 색이 바랠 가능성 역시 존재한다. 강한 냄새를 발산하는 물건들과도 분리시키는 것이 좋다.

적합한 방법으로 보관된 꽃차는 만들어진 날로부터 24개월까지 유지가 가능하다.

카페인이 없어 누구나 마실 수 있는 꽃차

꽃차의 가장 큰 특징은 카페인이 없다는 점이다. 커피나무와 차나무, 마테나무, 콜라나무 등을 원료로 만들어지는 다양한 기호음료에는 카페인이 들어 있다. 카페인은 다양한 장점이 있지만, 여러 부작용 역시 보고되고 있다. 각성효과를 통한 혈압 상승으로 수면 장애가 오기도 하고, 심박수가 올라가 가슴이 두근거리는 증상이나 식은땀, 두통, 신경과민 등의 증상이 나타나기도 한다. 또한 과도하게 섭취하는 경우

칼슘 흡수를 방해하여 골다공증을 유발할 가능성이 있고, 철분의 흡수율 역시 떨어뜨려 불안, 메스꺼움, 빈혈, 긴장, 초조 등의 부작용을 가져온다. 위산이 과다 분비되어 속쓰림 등 위장 질환을 일으키는 경우도 있다.

적절한 섭취가 주는 이점도 있지만, 임산부나 어린이, 노인, 카페인 알레르기 보유자처럼 평소 카페인에 민감한 사람들은 커피나 녹차, 홍차, 에너지드링크 등의 기호음료보다는 건강에 좋고 카페인도 없는 꽃차를 마시는 것이 좋다.

꽃차와 티푸드

꽃차는 한국식 티푸드인 다식과 강정, 떡류부터 서양식 티푸드인 비스킷, 마카롱, 케이크, 빵류 등과도 잘 어울린다. 꽃차는 종류가 다양한 만큼 남녀노소 누구나 즐길 수 있을 만큼 대중적이며 비교적 가벼운 맛을 가지고 있어 어떤 티푸드를 곁들여도 잘 어울린다. 다른 차와 달리 설탕이나 시럽 등 당분을 섞어 즐기는 차가 아니므로 티푸드를 통해 달콤함을 곁들이는 것도 좋다.

꽃차에 적합한 다기

차의 역사는 곧 다기茶器의 역사라고 할 정도로 차와 다기의 발전은 함께 이루어졌다. 차의 종류나 용도에 따라 모양이나 크기가 바뀌기도 했고, 시대의 요구와 유행에 따라 디자인에 변화가 있기도 했다. 다른 차에 비해 비교적 짧은 역사를 가지고 있는 꽃차는 아쉽게도 고유의 다기 문화를 갖고 있지는 않지만, 다양한 다기를 다각도로 활용하고 있다. 그중에서도 꽃차에 적합한 것은 바로 유리로 만들어진 티포트와 잔이다. 아름다운 수색과 화려한 꽃 모양이 꽃차만의 고유한 특징으로 인정받고 있는 만큼, 차가 우려지는 과정을 직접 보고 즐기는 것이 아주 중요한 요소이기 때문이다. 하지만 테이블클로스가 화려한 경우 또는 조명이 매우 밝거나 어두워 착시가 일어날 수 있는 상황에서는 흰색 도자기로 만들어진 다기를 사용해 수색을 돋보이게 하는 것도 좋은 방법이다.

허브티는 꽃차가 아닐까?

허브티는 관점에 따라 꽃차이기도 하고, 아니기도 하다. 서양 꽃차의 역사는 허브티의 역사와 동일하다. 카페인이 없고 향이 좋으며, 다양한 약리 성분을 지녔다는 공통점도 있다. 또한 이 허브의 종류에는

166

캐모마일과 마리골드, 당아욱, 라벤더, 히비스커스 등 꽃차의 재료로
도 적합한 꽃들이 속해 있다. 넓게 보면 꽃차는 허브티의 한 종류로 볼
수도 있다. 하지만 꽃차는 엄연히 허브티와 다르다. 허브티는 재료를
바로 말려서 만들지만, 꽃차는 고온에서 덖는 제다 과정이 반드시 포
함되기 때문이다.

꽃차의 재료가 되는 꽃들은 생으로 먹을 수 있을까?

꽃차는 식용 꽃으로 만든다. 그러므로 꽃차의 재료는 모두 식용이
가능하다. 샐러드로 활용하기도 하고, 맛간장을 만들어 장아찌를 만들
기도 한다. 찹쌀가루에 꽃차 가루를 넣어 색을 입혀 반죽한 후 그 위에
꽃을 데커레이션 해서 부치는 화전을 만들 수도 있고, 곱게 갈아 놓은
꽃차를 새콤 쌉쌀한 조미료로 사용하기도 한다. 감자나 메밀 등으로
얇게 부친 후 속에 꽃을 넣어 말아 내는 꽃전병 역시 꽃으로 만들 수
있는 음식이다. 꽃을 올린 비빔밥, 다른 재료와 꽃을 함께 싸먹는 꽃
쌈, 꽃을 튀긴 꽃튀김, 꽃을 무치는 꽃생채, 꽃으로 담는 효소 등도 모
두 꽃의 활용 방법이다. 또한 식용 꽃은 빵이나 떡 등의 음식에 데커레
이션으로 활용되기도 한다.

꽃차 테라피

아름다운 색감과 매력적인 향기, 본연의 약성으로 몸과 마음을 편안하게 해주는 꽃차는 그 존재만으로도 훌륭한 테라피적 요소가 된다. 꽃의 영양성분은 우리의 몸을 이롭게 하고, 향기는 혈관을 이완시켜 스트레스를 풀어주며, 우울한 감정을 해소하는 데 도움을 주기도한다. 또한 꽃차를 우렸을 때 나오는 다채로운 수색은 우리의 영혼을맑고 풍부하게 한다. 꽃차를 마실 때 가라앉았던 기분이 상쾌해지고심신이 정화되는 느낌을 받는 이유는 바로 이 때문이다.

컬러테라피

컬러테라피는 컬러Color와 테라피Therapy의 합성어로, 색채를 활용하여 심리를 진단하고 치료하는 것을 의미한다. 직접적으로 질병을 치료할 수 있는 치료법이라고 할 수는 없지만, 스트레스에 노출되어 있는 현대인의 심리적 안정과 우울감 해소를 위한 하나의 보조요법으로 주목받고 있는 대체의학의 한 분야이다.

꽃차를 활용한 컬러테라피는 꽃차를 우렸을 때 나오는 수색을 이용해 우리 몸에 긍정적인 영향을 주는 요법이다. 각각의 색깔이 지닌 일정한 빛 주파수와 특정 성분이 우리 몸과 상호작용하여 건강한 몸을 유지할 수 있게 돕는다. 수색별 컬러테라피 효과는 다음과 같다.

붉은 수색의 꽃차는 심장 건강에 탁월한 효능을 보인다. 붉은색은 리코펜(라이코펜)이라는 성분을 다량 함유하고 있다. 리코펜은 항산화 능력이 뛰어나서 체내의 활성산소, 독소 등을 제거하여 면역력을 강화시킨다. 또한 콜레스테롤을 억제하고 혈류 개선을 도와 심장 건강에 좋다. 붉은색의 안토시아닌은 우리 몸의 활성산소를 제거하고 콜라겐 형성을 촉진한다. 붉은 수색의 꽃차로는 맨드라미꽃차, 장미꽃차, 아마란스꽃차, 동백꽃차 등이 있다.

노란 수색의 꽃차는 소화기관을 튼튼하게 하고 피부미용에도 좋다. 노란색은 비장과 위 등을 튼튼하게 하여 소화를 돕고, 에너지를 상승시켜 우울감을 해소하는 데 도움을 준다고 알려져 있다. 특히 노란 수색 꽃차에는 카로티노이드가 풍부한데, 우리 몸속에서 비타민 A로 전환되어 피부와 뼈의 건강을 돕는다. 베타카로틴 역시 다량 함유되어 있어서 피부 염증, 건조증, 색소 침착 등을 막고 콜라겐을 증가시켜 노화 방지에 좋은 편이다. 노란 수색의 꽃차로는 목련꽃차, 국화꽃차, 산수유꽃차, 골담초꽃차 등이 있다.

푸른 수색의 꽃차는 간 건강에 도움을 준다. 간이 건강해짐으로써 간의 열이 내려가 눈 건강에도 긍정적인 효과를 발휘한다. 푸른색이 지닌 안토시아닌은 항산화 작용, 노화 예방, 면역력 증가 등의 작용을 하며 간의 긴장과 스트레스를 풀어 기분이 상쾌해지도록 돕는다. 이로써 불면증을 해소하기도 한다. 푸른색의 주파수는 식욕 억제에도 도움을 준다고 알려져 있다. 푸른 수색의 꽃차로는 도라지꽃차가 있다.

보랏빛 수색의 꽃차는 폐와 심장의 열을 내리는 역할을 한다. 보라는 빨강과 파랑이 만나 만들어진 색으로, 두 가지 색이 모두 안토시아닌 성분을 다량 함유하고 있다. 따라서 우리 몸의 활성산소를 제거하고, 항산화 작용을 하는 효과가 있다. 보라색은 두려움과 강박에서 벗어나 자유롭게 상상하고 표현할 수 있도록 심리적인 자극을 준다. 보랏빛 수색의 꽃차로는 당아욱꽃차, 칡꽃차 등이 있다.

초록 수색의 꽃차는 쓸개를 건강하게 한다. 초록색에는 엽록소(클로로필)가 풍부하게 들어 있다. 이 성분은 쓸개가 튼튼해지도록 도와 간의 활동을 촉진시키고, 신진대사를 원활하게 하여 피로 회복과 독소 배출을 돕는다. 무지개의 정 중앙에 초록색이 놓여 있듯 우리 몸의 중심에서 작용하여 스트레스를 해소시키고 마음의 안정을 돕는 것이다. 초록 수색을 대표하는 꽃차로는 팬지꽃차, 삼색제비꽃차(비올라꽃차) 등이 있다.

아로마테라피

아로마테라피는 아로마Aroma와 테라피Therapy의 합성어로, 허브에서 추출한 에센셜 오일의 에너지를 활용하여 현대인의 심신을 치유하는 것을 의미한다. 컬러테라피와 마찬가지로, 직접적으로 병을 치료하는 의학 분야는 아니지만, 자연의 소재를 이용하여 우리 몸 안의 자가면역력을 증진시킬 수 있는 하나의 대체의학 분야로 인정받고 있다.

꽃차를 활용한 아로마테라피는 '꽃차의 향기요법'이라고도 하는데, 꽃차의 향기와 약성을 이용하여 몸과 마음의 균형을 맞추고 인체의 항상성을 유지하도록 돕는 자연요법이다. 좋은 향기는 혈관을 확장시켜 극심한 스트레스를 완화시키고, 우울증에도 도움을 준다. 기본적으로 꽃이 지닌 향기는 생식 기능을 강화하고, 감정과 호르몬을 조절하며, 피부의 노화를 막고 재생을 돕는 역할을 한다. 하지만 꽃이 속한 과科별 분류에 따라 그 효능이 조금씩 다르다.

국화과의 식물이 지니고 있는 특유의 한방 향기는 소염, 항박테리아, 위장 강화 등의 작용을 하여 알레르기성 질환, 위장계 질환, 히스테리성 신경질환 등에 긍정적인 효과를 보인다. 국화과에 속하는 꽃차로는 과꽃차, 구절초꽃차, 국화꽃차, 금계국꽃차, 금잔화꽃차, 노랑코스모스꽃차, 데이지꽃차, 뚱딴지꽃차, 마거리트꽃차, 마리골드꽃차, 백일홍꽃차, 벌개미취꽃차, 쑥꽃차, 엉겅퀴꽃차, 캐모마일꽃차, 코스모스꽃차, 해바라기꽃차, 홍화꽃차가 있다.

녹나무과 식물의 향기는 항진균, 살균, 항바이러스 작용을 하여 장염이나 소화장애, 감기, 쇠약증 등에 좋은 것으로 알려져 있다. 잘 알려진 녹나무과의 꽃차로는 생강나무꽃차가 대표적이다. 김유정의 단편『동백꽃』에는 "한창 피어 퍼드러진 노란 동백꽃 속으로 폭 파묻혀 버렸다. 알싸한 그리고 향긋한 그 냄새에 나는 땅이 꺼지는 듯이 온 정신이 고만 아찔하였다"라고 생강나무꽃차의 향기를 묘사한 구절이 나온다. '노란 동백꽃'이 바로 생강나무꽃인데, 강원도에서는 생강나무를 '산동백'으로 부른다.

장미과 식물은 새콤달콤한 향기를 지니고 있다. 이 향기는 호르몬의 균형을 바로잡고, 우울증과 염증에 대응하며, 여성질환에 효능을 보인다. 따라서 우울증이나 불면증이 있는 경우나 갱년기 여성, 월경장애가 있는 여성의 기분 전환에 도움이 된다. 장미과에 속하는 꽃차에는 겹벚꽃차, 꽃사과꽃차, 도화꽃차, 매화꽃차, 장미꽃차, 조팝나무꽃차, 해당화꽃차가 있다.

직접 에센셜 오일을 흡입하거나, 에센셜 오일을 활용하여 마사지 또는 입욕을 할 때 특정 성분이 몸에 민감하게 작용할 수 있기 때문에 임산부나 노약자는 에센셜 오일 사용을 금하기도 한다. 그러나 이는 각종 성분과 향기를 응축하고 있는 에센셜 오일의 해당사항일 뿐 자연 그대로의 향기를 즐기는 꽃차에는 해당사항이 없다.

부록

봄꽃차

개나리
희망, 기대, 깊은 정, 달성

겹벚꽃
정숙, 단아함

골담초꽃
겸손, 청초, 관심

꽃사과꽃(서부해당화)
산뜻한 미소

단풍나무꽃
사양, 은둔, 자제

도화(개복숭아꽃)
매력, 유혹, 용서, 희망

등나무꽃
사랑에 취함

매화
고결, 결백, 정조

목련
숭고한 정신, 우애

박태기꽃
우정, 의혹

산수유꽃
지속, 불변

삼색제비꽃(비올라)
사랑의 추억, 성실한 사랑

생강나무꽃
수줍음, 사랑의 고백

수선화
신비, 사기애

아까시꽃
품위

유채꽃
명랑, 쾌활

으름꽃
재능

조팝나무꽃
힛수고, 허황은 일

진달래
사랑의 희열

캐모마일
역경을 견디는 힘

팬지
나를 생각해주세요

여름꽃차

고마리
꿀의 원천

과꽃
믿는 사랑, 추억

금계국
상쾌한 기분

금잔화
비탄, 실망, 비애, 겸손, 인내

달맞이꽃
말 없는 사랑, 기다림, 밤의 요정

데이지
겸손과 아름다움, 희망, 평화

도라지꽃
소망, 영원한 사랑

라벤더
마음속에 감춘 사랑

마거리트
마음속에 감춘 사랑

마리골드(만수국)
우정, 예언

맨드라미
건강, 타오르는 사랑

목화
어머니의 사랑

무궁화
끈기, 일편단심

백일홍
인연, 떠나간 님을 그리며

벌개미취꽃
너를 잊지 않으리, 청초

부용꽃
섬세한 아름다움

분꽃
수줍음, 소심, 겁쟁이

산수국
변하기 쉬운 마음

싸리꽃
상념, 사색

엉겅퀴꽃
독립, 엄격, 닿지 마세요

연꽃
소원해진 사랑

작약(함박꽃)
수줍음

장미
열정, 기쁨, 욕망(붉은 장미)

접시꽃
단순, 편안, 다산, 풍요

천일홍
불변, 매혹, 변치 않는 사랑

해당화
온화, 미인의 잠결

해바라기
애모

홍화꽃(잇꽃)
불변, 무심, 당신을 물들이다

가을꽃차

구절초
순수, 어머니의 사랑

국화
성실, 진실

노랑코스모스(황화코스모스)
순결, 애정, 야성미

뚱딴지꽃(돼지감자꽃)
미덕, 음덕

메밀꽃
연인

쑥꽃
평안

아마란스(줄맨드라미)
시들지 않는 사랑

차꽃
추억

코스모스
순정

겨울꽃차

동백꽃차
청렴, 절조, 그 누구보다 그대를 사랑
합니다

『꽃차의 거의 모든 것』을 펴내는 데 도움주신 분들께 감사드립니다.

촬영 협조

식음료복합문화공간 반조(BANJO)(서울 봉천동)
컬처랩라운지(서울 역삼동)

그림 제공

〈무용총 접객도〉(155쪽) - 우리역사넷http://contents.history.go.kr
안악 3호분 〈묘주부인도〉(156쪽) 동북아역사넷 누리집http://contents.nahf.or.kr

사진 제공

김기태, 채희숙

덖음꽃차 만들기 및 사진 촬영에 발 벗고 나서 도와주신 권윤미, 김명례, 박상숙, 원순희, 윤정희,
이연희, 이정순, 이혜주, 이희정, 임나경 님께 감사드립니다.

참고문헌

정동효 · 윤백현 · 이영희, 『차생활문화대전』, 홍익재, 2012
조식제, 『특허로 만나는 우리 약초』, 아카데미북, 2015
조경남, 『질환별 약초요법』, 푸른행복, 2018
하보숙 · 조미라, 『홍차의 거의 모든 것』, 열린세상, 2014
하보숙 · 조미라, 『커피의 거의 모든 것』, 열린세상, 2010
enherb by BOTANICALS, 『티소믈리에를 위한 허브티 블렌딩』, 한국티소믈리에연구원,
2013
육우, 『육우 다경』, 일빛, 2017
원광디지털대학교 제다학 교재
원광디지털대학교 차의 과학 교재
원광디지털대학교 힐링컬러 6장 6부 교재

웹사이트

국가자연사연구종합정보시스템
두산백과사전 두피디아
식품의약품안전처 식품안전나라
국립중앙과학관 식물정보

꽃차의 거의 모든 것

초판 1쇄 발행 2019년 1월 9일
초판 2쇄 발행 2020년 9월 3일

지은이 송주연, 황지영
사진 황윤선
편집 한정윤
펴낸이 정갑수

펴낸곳 열린과학
출판등록 2004년 5월 10일 제300-2005-83호
주소 06691 서울시 서초구 방배천로 6길 27, 104호
전화 02-876-5789   팩스 02-876-5795
이메일 open_science@naver.com

ISBN 978-89-92985-67-3 (13590)

이 도서의 국립중앙도서관 출판예정도서목록(CIP)은 서지정보유통지원시스템 홈페이지(http://seoji.nl.go.kr)와
국가자료공동목록시스템(http://www.nl.go.kr/kolisnet)에서 이용하실 수 있습니다.(CIP제어번호: CIP2018040134)